살아남은 100년 기업,
두산 이야기

북오션은 책에 관한 아이디어와 원고를 설레는 마음으로 기다리고 있습니다. 책으로 만들고 싶은 아이디어가 있으신 분은 이메일(bookrose@naver.com)로 간단한 개요와 취지, 연락처 등을 보내주세요. 머뭇거리지 말고 문을 두드리세요. 길이 열릴 것입니다.

살아남은 100년 기업,
두산 이야기

초판 1쇄 인쇄 | 2014년 8월 20일
초판 1쇄 발행 | 2014년 8월 25일

지은이 | 엄광용
펴낸이 | 박영욱
펴낸곳 | (주)북오션

경영총괄 | 정희숙
편집 | 지태진
마케팅 | 최석진 · 김태훈
표지 및 본문 디자인 | 서정희

주 소 | 서울시 마포구 서교동 468-2
이메일 | bookrose@naver.com
페이스북 | bookocean
전 화 | 편집문의 : 02-325-9172   영업문의 : 02-322-6709
팩 스 | 02-323-9378

출판신고번호 | 제313-2007-000197호

ISBN 978-89-6799-036-7 (13320)

*이 도서의 국립중앙도서관 출판시도서목록(CIP)은 e-CIP홈페이지(http://www.nl.go.kr/ecip)와 국가자료공동목록시스템(http://www.nl.go.kr/kolisnet)에서 이용하실 수 있습니다. (CIP제어번호 : CIP2014001334)

*이 책은 북오션이 저작권자와의 계약에 따라 발행한 것이므로 이 책의 내용의 일부 또는 전부를 이용하려면 반드시 북오션의 서면 동의를 받아야 합니다.
*책값은 뒤표지에 있습니다.
*잘못 만들어진 책은 구입하신 서점에서 교환해 드립니다.

박승직상점

박가분

오비맥주

두산인프라코어

살아남은 100년 기업,
두산 이야기

엄광용 지음

북오션

서문

118년 역사 두산그룹의 장수 비결, 인화와 혁신!

'기업은 사람'이라는 말이 있다. 기업은 사람에 의해 움직이고, 원활한 기업 활동을 통해 거기 종사하는 사람들이 살아가고 또한 그 사회가 질서를 유지해 나간다. 어떤 의미에서 기업은 살아 있는 생명체와 다름없다. 기업 활동 역시 사람의 삶과 직결되어 있기 때문이다.

사람이 '들숨'과 '날숨'의 법칙에 의해 생명을 유지해 나가듯, 기업도 '호황'과 '불황'이라는 경제 흐름 속에서 지속적인 성장을 거듭해 나간다. 이는 자연의 법칙과 기업의 생리가 크게 다르지 않다는 것을 의미한다. 즉 사람이 지속적으로 들숨만 쉰다면, 결국 죽음에 이르는 결과를 낳게 된다. 반대로 날숨만 쉬는 것도 마찬가지다. 사람은, 아니 생명이 있는 모든 것들은 반드시 들숨 한 번과 날숨 한 번을 차례대로 반복하는 과정 속에 생명력을 유지해 나간다.

기업 역시 호황만 계속된다면 결국 폭식을 일삼다 나중에는 더 이상 먹이를 구하기 어려워 멸종한 공룡과도 같은 운명을 맞게 될 것이다. 또한 불황만 계속된다면 기아에 시달리다 고사하고 말 것이므로 결과는 마찬가지다.

경제의 흐름이란, 반드시 호황이 있으면 그다음에 불황이 오고, 불황 다음에 다시 호황이 시작된다. 파도가 늘 출렁이기 때문에 바다는 살아 있고, 그 속에서 바다 생물들이 생존을 거듭한다. 흐르지 않는 물은 썩는다. 또 호수가 썩으면 그 안에 사는 물고기 또한 죽고 만다. 이처럼 경제 흐름은 자연 현상과 크게 다르지 않다. 흔히 장수하는 사람들의 경우를 보면 대부분이 자연에 순응하는 삶을 살아가고 있다. 소식小食을 생활화하면서 긍정적인 마인드로 맑은 공기 속에서 늘 열심히 노동을 하며 살아가는 사람들이 오래 산다. 기업도 장수하는 사람의 생활 법칙에서 크게 어긋나지 않을 때 지속 성장을 거듭할 수 있다. 즉 너무 수익성만 생각해서 욕심을 부리거나 함부로 투자하는 우를 범하지 말아야 한다. 긍정적으로 새로운 사업을 구상하고 창의적인 아이디어를 창출하며, 구성원 간의 화기애애한 기업 문화 풍토 속에서 자기 분야의 일을 책임 있고 성실하게 수행해 나가는 것이 장수하는 기업의 전략인 것이다.

두산그룹은 어떤 리더십으로 승승장구했나

두산그룹은 1896년 '박승직상점'을 개점하면서 출발해 2014년까지 118년의 역사를 자랑하는 한국 최고^{最古}의 장수 기업이다. 창업자인 박승직은 1세대 경영인으로 사업 기반을 확고하게 구축했으며, 그 아들 박두병은 2세대 경영인으로 사업 바통을 이어받아 기업을 크게 발전시켰다. 그리고 3세대 경영을 통해 손자들이 번갈아가며 그룹 회장직을 이어받아 오늘에 이르게 되었다.

세계적으로 수많은 기업들이 우후죽순처럼 창업해 글로벌 시장에서 치열한 경쟁을 벌이고 있지만, 100년 이상 장수하는 기업은 그리 많지 않다. 미국의 경제 전문지 〈포춘〉이 조사한 바에 의하면, 세계 기업의 80퍼센트가 창업한 지 30년이 못 되어 사라진다고 한다. 이러한 현실을 볼 때 100년 이상 한 기업이 승승장구할 수 있다는 것은 그 경영 스타일 속에 여느 기업과는 다른 특별한 비결이 숨어 있기 때문일 것이다.

그렇다면 한국기네스협회도 인정하는 국내 최고의 기업인 두산그룹은 어떤 리더십을 발휘해 장수 기업으로 이름을 올릴 수 있었을까, 그 비결이 매우 궁금하지 않을 수 없다.

우선 창업자 박승직부터 그 손자인 현 회장 박용만에 이르기까지, 3대로 이어지는 특별한 가문의 전통이 두산그룹의 기업 정신으로 승화되어 118년이란 오랜 기간을 변함없이 이어져 오고 있는 것이 가장 큰 장수 비결이라고 할 수 있다. 남다른 가문의 전통이 장수 기업을 이끌어가고 있는 것이다.

3대째 이어진 특별한 가문의 전통

박승직이 후손들에게 물려준 가문의 전통은 크게 두 가지다.

첫째, 부지런해야 성공한다.

창업자 박승직은 그 스스로 '근자성공勤者成功'이란 붓글씨를 써서 벽에 붙여 놓고 마음 수련의 지침으로 삼았으며, 이를 후손들에게도 좌우명으로 물려주었다. 이렇듯 '부지런해야 성공한다'는 가풍이 오늘날까지 두산그룹의 기업 정신으로 정착된 것이다.

둘째, 인화人和다.

기업은 여러 사람이 모여 협업하는 곳으로 더불어 화합을 이루어 좋은 결과물을 얻어낼 때 이윤도 발생한다. 이때 가장 중요한 것은 구성원 간의 화합이다. 여러 사람이 공동으로 이윤을 도모한다는 기업의 속성상 한마음으로 협동하지 않으면 소기의 목적을 달성하기 어렵다. 따라서 '인화'야말로 기업을 이끌어가는 가장 중요한 덕목이라 아니할 수 없다.

두산그룹의 2세대 경영을 대표하는 박두병은 부친 박승직 회장 때부터 그의 가문에서 강조하는 '인화'의 중요성을 깊이 깨닫고, 인사 문제로 고민할 때마다 자신의 마음속에 신념으로 각인된 다음과 같은 경구를 떠올렸다고 한다.

'반목은 종말적 파괴를 의미하며, 화목은 영원한 발전을 약속한다.'

이러한 박두병의 신념은 리더 한 사람만의 것이 아니라 구성원 모두의 것이 되어 두산그룹의 영원한 정신적 유산으로 전해진다.

창업 정신 이어받은 리더들의 철저한 경영자 수업

창업자 박승직의 가문에서 비롯된 전통이 두산그룹의 정신으로 깊이 뿌리를 내리는 한편, 그 전통을 이어받은 리더들의 단계적인 경영자 교육 시스템 또한 큰 장점으로 부각되고 있다.

창업자 박승직은 일찍이 한학을 배웠으며 《논어論語》《사기史記》 등 중국 고전을 탐독해 리더십을 익혀나갔다. 그러면서 그는 아들인 박두병으로 하여금 자신의 대를 이어 기업을 이끌어갈 수 있도록 철저하게 경영자 교육을 시켰다.

두산그룹 2세대 경영자인 박두병은 경성고등상업학교현재의 서울대학교 상과대학를 졸업한 후 조선은행에 취직해 4년간 근무했다. 이것은 상업 방면으로 일관된 교육을 시킴과 동시에 사회 경력을 쌓아 가업을 계승케 하기 위한, 부친 박승직의 치밀한 경영자 양성 과정이라 할 수 있다.

두산그룹의 3세대 경영을 이끈 박두병의 자식들 역시 대부분 그가 밟았던 경영자 실습 과정을 그대로 답습했다. 즉 상과대학을 나와 일단 은행에 취직해 경제의 흐름과 돈의 효용성을 충분히 경험한 후 두산그룹의 계열사를 두루 거치는 경영자 수업을 쌓은 것이다.

장남인 박용곤은 워싱턴대학 경영학과를 졸업한 후 귀국해 한국은행에서 실무 경험을 익히고 동양맥주에 입사했다. 둘째 아들 박용오는 경기고등학교를 거쳐 미국 뉴욕대학 경영학과를 졸업한 후 두산산업에 입사했다. 셋째 아들 박용성은 경기고등학교와 서울대학교 상과대학을 거쳐 미국 뉴욕대학교 경영대학원을 졸업한 후 한국상업은행에 입사해 실무 경험을 익혔다. 넷째 아들 박용현은 형들이 대학에서 경영학을 전공한 것과는 달리 경기고등학교를 거쳐 서울대학교 의과대학을 졸업한 후 서울대병원에서 외과의로 근무했으며, 서울대병원장으로 경영 수업을 익힌 후 두산그룹을 이끄는 리더가 되었다. 그리고 다섯째 박용만은 경기고등학교와 서울대학교를 거쳐 미국 보스턴대학 경영대학원에서 MBA 과정을 졸업한 후 두산그룹의 여러 계열사에서 두루 경영자 수업을 받았다.

이처럼 두산그룹의 3세대 경영인들 중 박두병의 넷째 아들 박용현만 빼고 모두 경영학을 전공했으며, 장남 박용곤과 셋째 아들 박용성은 부친 박두병과 마찬가지로 두산그룹에 입사하기 전에 은행에서 실무를 익히는 철저한 경영자 교육을 받았다. 즉 2세대, 3세대의 경영자 수업 역시 창업자 박승직 가문의 전통을 그대로 계승했다고 할 수 있다.

두산그룹이 장수하는 데 가장 큰 밑거름이 된 것은 창업자 박승직이 가문 대대로 승계토록 한, 가족 경영 교육 시스템일 것이다. 이 시스템 안에서 경영 수업을 한 2세대, 3세대 경영인들이 실무에서 그 능력을 최대한 발휘한 덕분에 두산그룹이 흔들림 없이 장수할 수 있었던 것이다.

실전에 강한 경영자의 위기 대처 능력

기업이 위기에 닥쳤을 때 그 대처 능력은 경영자의 강력한 리더십에서 나온다. 창업에서 3세대 경영에 이르는 100년하고도 십수 년간 두산그룹이 생명력을 유지할 수 있었던 것은 바로 실전에 강한 경영자의 리더십이 십분 발휘된 덕분이다. 이는 경제 흐름을 읽어내는 준비된 경영자의 민감한 후각과 위기가 닥치기 전에 미리 대비하는 기본 자세에서 비롯된 것이다.

창업 이후 두산그룹은 크고 작은 위기를 수도 없이 겪어냈지만, 대표적인 것으로 크게 네 가지 사건을 거론할 수 있을 것이다.

첫째는 한국전쟁이었다.

이때는 국내 어느 기업이나 겪을 수밖에 없었던 위기였으므로, 어떤 경영자가 순발력 있게 빠르게 대처하느냐가 관건이었다. 당시 2세대 경영인 박두병은 전화로 잿더미가 된 동양맥주의 영등포공장을 누구보다 빨리 재건해 위기를 넘길 수 있었다.

'누가 먼저 복구하고, 누가 먼저 생산하느냐가 앞날의 승패를 판가름한다.'

박두병은 이러한 생각으로 부산 피난지에서 급히 상경해 폐허가 된 채, 엿가락처럼 늘어진 무쇳덩어리 기계들을 보수해 당시 동양맥주의 최대 라이벌 기업인 조선맥주보다 먼저 맥주를 생산하면서 시장 선점에 성공했다.

둘째는 대구 낙동강 페놀 누출 사건이었다.

1991년 당시 두산그룹의 3세대 경영인 박용곤은 본인 스스로 회장직에서 사퇴하는 용단을 내리면서 사태를 수습했다. 또한 피해 보상 요구에 적극 응해 29억 8500만 원의 보상금을 지급하고, 이와 별도로 대구시에 수질개선사업 기금으로 200억 원을 기부했다. 이처럼 비싼 수업료를 내고 두산그룹은 환경의 중요성을 배웠으며, 그 이후부터 환경에 대한 투자를 아끼지 않아 사태를 겪은 지 3년 만에 환경모범업체가 되기도 했다.

	셋째는 IMF 구제 금융 위기였다.

	당시 두산그룹은 금융 위기가 올 것을 미리 감지하고 재빠르게 구조 조정에 나섰다. 금융 위기로 한국 경제가 침체의 늪에 빠졌던 1998년에는 그룹을 대표하는 주력 업종인 OB맥주를 팔아야 하는 뼈아픈 체험을 하기도 했다. 그때 만약 그러한 과감한 용단을 내리지 않았다면 그룹 전체가 흔들리는 큰 위기에 봉착할 수도 있었다.

	넷째는 '형제의 난'이라 일컫는 박용오와 박용성 간의 법정 싸움이었다.

	당시 그룹의 명예회장으로 있던 맏형 박용곤이 가족회의를 거쳐 큰 용단을 내리면서 이 사건은 일단락되었다. 그러나 가문의 오랜 전통인 '인화' 정신을 그룹의 모토로 삼고 있었던 두산그룹으로서는 치명적 상처를 입었다고 할 수 있다. 이 사건 이후 두산그룹만의 특수 전통인 형제간 회장 바통 터치 룰은 다시 지켜질 수 있었다. 그러면서 '형제의 난'으로 실추된 기업 이미지도 완전히 회복했다.

위기 때마다 발휘되는 100년 기업의 저력

기업의 저력은 오히려 위기일 때 나타난다. 위기에 대응하는 능력이야말로 진짜 그 기업이 지닌 힘을 보여주는 본보기이며, 오래도록 장수할 수 있는 생명력이 과연 어디에서 분출되는지 알 수 있는 것이다. 어떤 기업이든 위기에 봉착할 때가 있다. 강한 기업은 오히려 위기를 먹고 자라나는 별종과도 같은 측면을 갖고 있다. 기업에게 위기는 일종의 시험과도 같은 것으로, 그것을 슬기롭게 극복해냈을 때 더욱 큰 기업으로 성장할 수 있다.

강한 기업은 불황과 호황에 미리 대비할 줄 안다. 호황의 7부 능선에서 이미 불황에 대비한 긴축 재정에 들어가며, 불황의 밑바닥에 가까워지는 3부 골짜기에서 호황에 대비한 투자 전략을 세우는 기업이 지속적으로 성장할 수 있다. 두산그룹은 바로 그러한 기업이며, 그것이 바로 118년을 승승장구하는 비결인 것이다.

차례

서문_ 118년 역사 두산그룹의 장수 비결, 인화와 혁신! 4

1 창업 – 1세대 경영 시대
박승직

1 현실을 직시하고 시대의 변화를 읽어라 18
2 세상을 넓게 보고 더 큰 야망을 가져라 28
3 새로움에 대한 강한 호기심이 인생의 터닝 포인트다 38
4 성공하려면 떳떳하게 자신의 이름을 걸어라 45
5 기부와 봉사로 좋은 이미지와 신뢰를 구축하라 53
6 박가분, 고객의 기쁨을 먼저 생각하다 62
7 위기는 변화를 요구하는 점등 신호다 69

2 발전 – 2세대 경영과 전문경영인 시대
박두병 · 정수창

8 진정한 성공은 불가능을 가능케 하는 것이다 78

9 수요·공급을 정확하게 예측할 수 있는 정보를 확보하라 84

10 한 말 두 말 차근차근 쌓아 올리면 큰 산이 된다 89

11 반목은 종말을, 화목은 영원한 발전을 약속한다 97

12 진정한 사업가는 때와 장소를 가리지 않는다 108

13 시장 선점이 성공의 지름길이다 117

14 생산·판매라는 두 날개와 품질 개선의 바퀴를 달다 125

15 적도 어려움에 처하면 도와줘야 한다 133

16 대중화를 통한 공급 확대로 새로운 수요를 창출하라 144

17 획기적인 품질 개선으로 세계시장을 공략하다 151

18 주력 사업을 키우면 부대사업도 동반 성장한다 158

19 손해를 감수하면서도 언론 사업에 투자하다 175

20 자본과 경영을 분리해 투명한 회사를 만들다 183

21 신의를 지킬 줄 아는 인격이 머리보다 우선이다 191

22 기존 질서에 안주하지 말고 새로운 진로를 개척하라 198

23 원료의 자체 수급으로 생산 단가를 줄여라 205

3 웅비 – 2세대 경영 시대

박용곤 · 박용오 · 박용성 · 박용현 · 박용만

24 사업은 사람을 위한 것,

인화는 그것을 이끄는 원동력이다 214

25 강한 기업은 악재를 호재로 만든다 223

26 경쟁에서 이기는 유일한 길은

정공법으로 승부하는 것이다 232

27 몸통을 살리기 위해서는 아픈 팔을 잘라낼 수밖에 없다 239

28 다방면에 걸친 책 읽기를 통해 경영 노하우를 익히다 248

29 글로벌 경쟁력 확보로 세계 일류 기업의 초석을 다지다 253

30 기업은 지속적으로 '꿈'을 키우고 '혁신'으로 먹고산다 259

31 한국 경제의 수레바퀴를 굴리는 창조 리더로 거듭나다 269

1

거상이란 상품이 아니라 마음을 파는 사람이다. 박승직은 '신뢰'라는 마음의 상품을 팔았고, 그것이 고객들에게 전해지자 박승직상점의 물건에 대한 믿음이 형성되었다. 따라서 박승직상점에서 취급하는 물품은 질이 좋고 값도 합리적이라는 생각이 고객들 마음속에 새겨져, 그들의 발걸음을 끌어들이는 요인으로 작용했던 것이다.

창업

1세대 경영 시대
박승직

1 현실을 직시하고 시대의 변화를 읽어라

사업을 하려는 사람은 우선 자기 자신이 처한 현실을 정확하게 파악할 줄 알아야 한다. 현실의 난관을 타개하려는 시도가 바로 사업의 시작이기 때문이다. 사람은 누구나 자신에게 고통이 주어졌을 때 변화를 꿈꾼다. 변화란 그 고통으로부터 벗어나기 위한 본능적인 삶의 행위에 다름 아니다.

그저 밋밋한 인생은 살아가는 재미도 없을뿐더러 삶의 의미를 찾기도 어렵다. 그런 의미에서 고통은 삶을 풍요롭게 하는 자극제이며, 활력소가 되기도 한다. 입에 쓴 약이 몸에는 좋다고 한다. 고통이야말로 인생을 살맛 나게 하는 명약이다. 따라서 고통을 아픔으로 받아들이지 않고 짜릿한 쾌감으로 받아들인다면 그 인생은 꿈과 희망으로 가득 채워질 것이다.

박승직朴承稷은 양반 집안에서 태어났지만, 부친 박문회朴文會는 당시 여흥 민씨 세력인 민영완閔泳完의 위토墓에서 지내는 제사 비용을 마련키 위해 경작하던 토지 15마지기를 소작농으로 부치는 가난한 농부였다. 원래 고향은 경기도 광주군 탄벌리 숯가마골이었지만, 소작농을 하기 위해 민영완의 위토가 있는 임의실 과골로 이주를 했던 것이다. 과골은 숯가마골에서도 광주산맥 안쪽으로 더욱 깊숙이 들어간 산촌이었다. 마을 뒤로 깊은 계곡이 있었고, 너른 들판보다 산자락에 다랑이 논이나 화전 밭을 일구며 살아가는 농가들이 많았다.

이곳에서 박승직은 아버지의 농사일을 도우면서 10년여에 걸쳐 틈틈이 한문 공부를 했다. 이러한 한문 공부 덕분에 《논어》《사기》등 중국 고전을 탐독할 수 있었다. 특히 《논어》를 통해 익힌 공자의 '인仁 사상'은 인생을 살아가는 키워드가 되었다. 또한 《사기》의 '화식열전貨殖列傳'에 나오는 부자들의 이야기는 그가 사업가로서 크게 성공할 수 있게 해준 멘토였다.

이처럼 주경야독을 하면서 어려운 시절을 보내던 박승직은 어느 날 화전을 일구다가 괭이에 튕겨 나간 돌에 정강이를 다쳤다. 집안이 가난해 소작농만으로는 먹고살기 어렵게 되자 궁여지책으로 화전까지 일구게 된 것인데, 돌멩이에 무릎까지 다치고 보니 문득 이런 생각이 들었다.

"언제까지 이렇게 희망 없이 살아가야 한단 말인가? 소작농이나 화전만으로는 가난을 극복할 수가 없다. 장사를 해보자."

박승직은 이를 악물었다.

그는 열다섯 나이에 일찍 결혼한 몸이었는데, 부인이 딸을 하나 낳고 얼마 되지 않아 병에 걸려 세상을 떠났다. 상처喪妻의 슬픔은 그에게 너무 큰 충격이었다. 농사일도 손에 잘 잡히지 않았다. 그래서 시름을 달랠 겸 당시 살던 집에서 20여 리 떨어진 송파장에 구경을 나갔다가, 거기서 상인들이 어떻게 돈을 버는지 눈여겨보게 되었다.

당시 송파장은 조선시대 10대 상설시장으로 꼽힐 만큼 전국의 모든 물산이 모여들었다 다시 각지로 팔려 나갔다. 특히 송파나루는 경기도 광주와 서울을 잇는 교통의 요충지로 한강 물길을 통해 세곡선이 몰려드는 곳이어서 늘 오가는 많은 사람들로 북적거렸다.

박승직은 송파장과 송파나루를 둘러보며 마치 새로운 세상을 만난 것 같은 기분에 들떴다. 사마천의 《사기》에 나오는 '이사李斯' 이야기가 문득 뇌리에 스쳤다.

이사는 중국을 처음으로 통일한 진시황의 책사로, 어린 시절 공부를 하다가 뒷간의 쥐와 곡간의 쥐가 서로 다름을 깨닫고 출세를 위해 대처로 나가겠다고 결심한 인물이었다. 뒷간의 쥐는 사람 발자국 소리만 들어도 기겁을 해서 도망치는데, 곡간의 쥐는 사람이 들어와도 슬슬 눈치만 볼 뿐 도망칠 생각을 하지 않았다. 쥐와 같은 미물도 처한 환경에 따라 그만큼 처신법이 다르다는 것을 안 이사는 촌구석에 처박혀 있기보다 대처에 나가 크게 성공을 거두겠다는 결심을 하고 장안으로 갔던 것이다.

마찬가지로 송파장을 구경하고 돌아온 박승직은 처음 며칠간 고민을 거듭했다. 양반 가문 출신으로 장사를 한다는 것이 과연 옳은 일일까 하는 생각이 들었던 것이다. 당시만 해도 양반 사회에는 사농공상士農工商 의식이 뿌리 깊이 박혀 있어 장사를 하는 상인을 가장 천대시하는 풍토가 남아 있었다. 그래서 가난한 양반들 중에 농사를 짓는 사람은 있었으나, 장삿길로 나가는 경우는 드물었다. 양반으로서 농사를 짓는 것은 '농자천하지대본農者天下之大本'이라 해 그다지 흉이 되지 않으나 장사는 천스러운 직업으로 여겼기 때문이다.

박승직은 그 후로도 여러 번 송파장에 나갔다. 그리고 서울로 들어와 사대문 안의 육의전 거리를 두루 살펴보았다. 그의 눈에 비친 운종가의 육의전 거리는 그야말로 대단한 광경이 아닐 수 없었다. 종로통을 관통하는 대로를 중심으로 육의전은 매일 성시를 이루고 있었는데, 종이·면포·비단·어물 등등 점포들이 즐비하게 물건들을 진열해 놓아 그야말로 장관이 아닐 수 없었다.

그러나 육의전 또한 당시 권세가들을 등에 업은 부유한 상인들 차지여서 아무에게나 허가를 내주지 않았다. 박승직에게는 그저 그림의 떡에 불과할 뿐이었다. 남대문 근처에도 난전이 있다는 소문을 듣고 거기까지 가보았다. 그곳에서는 마음만 먹으면 누구나 난전을 벌이고 장사를 할 수 있었다. 그 무렵 동대문 근처에도 장사꾼들이 모여들어 제법 큰 시장이 형성되어 있었다.

시장은 항상 살아 있었다. 난전마다 물건이 가득했고, 장사꾼들은 손뼉을 치고 발을 구르고 소리소리 외치며 손님들을 끌어 모으느라 여념이 없었다. 엿장수의 가위 소리, 사당패의 타령조와 외줄타기 광대놀음에 혼이 나간 사람들까지, 시장 바닥은 그야말로 사람 사는 동네 같았다. 그저 화전이나 일구는 산촌과는 그 풍경이 달라도 너무 달랐다.

이렇게 매일 시장판을 돌아다니며 며칠 고민하던 끝에 박승직은 내심 장사를 하기로 결심을 굳혔다. 며칠 동안 시장 바닥에서 눈여겨본 결과, 그중 석유가 가장 잘 팔리는 품목이란 걸 알았다. 석유는 외국에서 수입해 오는 것으로, 등을 밝히기에는 그보다 좋은 게 없었다. 그 전에는 주로 등잔의 연료로 자연산 기름이 이용되었다. 처음엔 식물과 동물의 기름을 사용하다가 냄새와 그을음을 적게 하는 초가 만들어졌다. 등에 사용된 식물성 기름으로는 소나무기름·참기름·콩기름·들기름·피마자기름 등이 있었고, 동물성 기름에는 돈지유·우지유·어유 등이 쓰였다. 그중에서 제일 상품上品으로 친 것은 호마유胡麻油, 참기름였는데, 이것은 매우 귀해 일반인들은 좀처럼 사용하지 못했다. 그런데 외국에서 들어온 석유는 인화성이 무척 강해 불을 붙이면 전에 쓰던 식물성이나 동물성 기름보다 훨씬 밝았다. 그을음도 적어 사람들이 등불 기름으로 석유를 많이 찾았던 것이다.

그래서 박승직은 그동안 아껴 모아둔 75냥을 장사 밑천으로 삼아 동대문 밖의 배오개로 나가 석유와 그것을 넣어 짊어질 수 있는 통과 지게, 그리고 석유 따르는 도구 등을 샀다. 서울에는 시장이 가까워 일반 가정에서 석유를 구하기가 쉬웠으므로, 그는 석유통을 짊어지고 시골 산촌을 찾아 돌아다녔다. 망우리 고개를 넘어 어느 마을에 갔는데, 도무지 '석유 사시오!' 하고 외치는 소리가 입 밖으로 나오지 않았다. 너무 쑥스러워 그 소리가 그저 입안에서만 맴돌 뿐이었다.

그래서 박승직은 석유통을 짊어진 채 어정거리며 마을길을 걸었다. 이 집 저 집 기웃거리며 주인들이 있나 없나 살펴보기만 하는데, 길을 가던 마을 사람이 먼저 그에게 물어왔다.

"거, 지게에 지고 있는 게 뭐유?"

"석유입니다."

박승직이 반가워 얼른 대답했다.

"마침 잘됐네. 석유가 떨어져서 동대문까지 나가려던 참이었는데……."

마을 사람은 지게를 내려놓게 한 후, 석유가 떨어져 등불을 못 켜는 다른 집 사람들까지 불러냈다. 그러자 여기저기서 석유를 사려는 사람들이 몰려나왔다.

석유를 사려는 사람들이 많아 조금씩만 팔았는데도, 금세 한 통이 동나 버리고 말았다. 돈을 계산해 보니 총 115냥이었다. 본전을 제하고 이문이 40냥이나 남은 것이었다.

빈 석유통을 지게에 지고 망우리 고개를 넘으며 박승직은 매우 기분이 좋았다.

"이렇게만 돈을 벌면 금세 부자가 되겠군!"

박승직이 혼잣소리로 중얼거리며 막 망우리 고개를 넘어섰을 때였다. 피륙 한 짐을 땅바닥에 내려놓은 채 망연자실 주저앉아 있던 사람이 그를 불러 세웠다.

"여보시오. 나 좀 도와주시오."

"아니 왜 그러시오?"

박승직은 빈 석유통을 진 지게를 내려놓으며 물었다.

"내가 고개를 넘다가 다리를 삐었소. 도저히 저 피륙을 지고 갈 수가 없으니, 내 물건을 좀 사주시오."

"허허, 딱하게 되었군요. 저 피륙이 대체 얼마요?"

"120냥이오."

"난 115냥밖에 없는데……."

"그거면 됐소. 보아하니 석유장사를 하는 모양인데, 그 돈만 내고 이 피륙 짐을 지고 가되 빈 석유통은 여기 놓고 가시오."

박승직은 손해 볼 게 없다고 생각하고 석유를 판 돈으로 피륙을 모두 샀다.

그날 동대문 앞 배오개장까지 피륙을 지고 왔는데 때마침 피륙 값이 올라 박승직은 무려 500냥을 받을 수 있었다. 단 하루 만에 장사 밑천 75냥이 500냥으로 불어난 것이다.

'장사는 바로 이런 맛에 하는 거구나.'

이때 박승직은 장사에서는 품목을 정하는 것과 사고파는 시기가 매우 중요하다는 사실을 깨달았다. 그가 처음 석유를 선택한 것은 그 자신이 산촌에 살므로 시골엔 항상 등잔 기름이 부족하다는 현실을 잘 알고 있었기 때문이었다. 수요가 많은 곳에 물건을 공급하는 것이 바로 장사였던 것이다. 또 하나 때마침 배오개장에서 피륙이 모자라 찾는 사람이 많아졌기 때문에 큰 이문을 남길 수 있었다.

만약 그때 피륙이 장에 넘쳐났다면 제값을 받지 못해 이문을 별로 남기지 못했을 수도 있었다. 즉 장사를 할 때는 수요와 공급의 법칙을 잘 활용할 줄 알아야만 많은 이득을 남길 수 있다는 사실을 깨달은 것이다.

1880년 당시, 시대는 급격하게 변하고 있었다. 1864년 고종 원년에 태어난 박승직은 불과 열여섯 나이로 장사를 시작하면서 새로운 세계를 경험했다. 이미 서양 제국주의 열강들의 개항 요구로 조선은 병인양요[1866]와 신미양요[1871]를 겪었으며, 1886년에는 일본의 강압에 의해 강화도조약이 체결되어 부산·인천·원산을 개항하기에 이르렀다.

박승직은 장사를 시작하기 전에 서울의 육의전과 남대문·동대문의 난전을 둘러보면서 그러한 정세 변화를 감지할 수 있었다. 시장은 물건과 사람만이 들끓는 것이 아니라 새로운 정보가 교환되는 곳이기도 했다. 강화도조약에 따른 개항은 앞으로 그 항구들을 통해 외국 물품이 물밀듯이 들어올 것임을 예감할 수 있게 했으며, 자국의 물품 또한 외국으로 나가게 된다는 것을 미루어 짐작하기 어렵지 않았다.

이제 상인은 사농공상의 유교적 신분 차별에서 더 이상 천민으로 취급받을 수 없는, 국가 경제를 짊어지고 갈 매우 중요한 직업군으로 떠올랐다. 그러한 시대적 변화에 힘입어 박승직은 양반 신분임에도 과감하게 상인의 길을 걷기로 결심한 것이다.

두산의 장수비법 ❶

시대의 변화를 꿰뚫는 빼어난 안목과 현실 감각

박승직이 상인의 길을 걷겠다는 결단을 내린 것은 다음 두 가지에 대한 깊은 깨달음이 있었기에 가능한 일이었다.

첫째는 자신이 처한 현실에 대한 냉철한 비판이다.

박승직은 양반 가문에서 태어났지만 남의 전답에서 소작농이나 부칠 정도로 가난을 면치 못했다. 화전을 일구면서 괭이질을 하다 튀는 돌에 무릎을 다친 사건은, 그로 하여금 새로운 길을 모색하게 만든 결정적 계기가 되었다. 농사꾼에서 장사꾼으로의 터닝 포인트가 이루어지는 순간이었다. 이는 바로 자기 현실에 대한 직시에서 비롯되었다. 그 현실이란 소작농과 화전이고, 아무리 노력해도 그것으로부터 벗어나기 어려울 것이라는 막막함, 그 깨달음이 그에게는 새로운 길을 모색하는 동기부여가 되어준 셈이었다. 이러한 현실에 대한 냉철한 판단은 그가 양반 신분임에도 사농공상의 맨 윗자리에 있는 사±를 버리고 맨 뒷자리의 상商을 과감하게 선택할 수 있게 한 원동력이었다.

둘째는 시대의 변화에 대한 대처 능력이다.

박승직은 어린 나이였지만 시대의 변화에 민감한 감각을 소유하고 있었다. 그는 개항과 함께 물밀듯이 밀려들어오는 서구 문화를 많은 물건들이 거래되는 시장에서 감지했다. 한 장소에서 거래되는 자국의 물품과 외국의 물품들이 동서양 문화 교류의 증거임을 직감적으로 알아차렸다. 그가 처음 장사를 시작하면서 택한 품목인 '석유'는 그러한 안목을 상징적으로 보여주는 좋은 사례라고 할 수 있다. 석유는 외국에서 들어온 것이지만, 국내에서도 필수적인 제품이었다. 수입에 의존하다 보니 물품은 적고 그것을 사용하려는 사람을 많았다. 당연히 장사가 되지 않을 수 없었던 것이다.

2 세상을 넓게 보고 더 큰 야망을 가져라

꿈의 크기는 그가 세상을 바라보는 시야의 넓이와 비례한다. '우물 안 개구리'라는 속담처럼 우물 안에 갇혀 있으면, 그 시야에 들어오는, 불과 두세 아름의 동그란 하늘밖에 보지 못한다. 그러나 넓은 세상에 나가본 사람이 꾸는 꿈은 그 크기부터 남다르다.

그래서 꿈은 꾸면 꿀수록 점점 자라난다. 마음의 텃밭에 꿈을 심어 놓고 매일 물을 주면 꿈도 나무처럼 자라서 나중에는 큰 그늘을 드리우는 거목이 된다. 거목은 그 아래 많은 사람들이 쉴 수 있는 쉼터를 제공한다. 기업가가 꾸는 꿈도 거목으로 자라나는 나무와 다를 바 없다.

박승직이 아버지의 대를 이어 농사꾼으로 살기를 고집했다면 아마도 과골의 부지런한 농부로 평생 살았을지도 모른다. 그러나 그는 멍석만 한 하늘이 전부인 그 깊은 산골이 너무 갑갑했다. 그곳에서 벗어나고 싶었고, 그래서 농사꾼에서 장사꾼으로 변모했다.

장사꾼으로 변모한 지 채 1년이 되지 않던 1881년의 어느 날이었다. 문득 부친이 박승직을 불러 놓고 물었다.

"우리가 소작농을 부치고 있는 집 지주를 너도 잘 알고 있지 않느냐?"

"네, 여흥 민씨 집안 어른으로 알고 있습니다만."

"그래, 그 어른께서 아마도 너를 잘 본 모양이다. 이번에 전라남도 해남군수로 부임하게 되었다는데, 너를 꼭 데려가고 싶다 하시는구나."

부친 박문회는 이렇게 아들의 의향을 넌지시 물었지만, 마음속으로는 기골이 장대할 뿐 아니라 일도 잘하는 아들을 곁에 두고 싶어 했다. 그러나 위토를 소작하는 입장이라 지주인 민영완의 부탁 또한 거절하기 어려웠다.

"해남이 어딘가요?"

박승직은 그때까지만 해도 집을 멀리 떠나본 적이 없었다.

"육지로는 가장 땅 끝에 있는 곳이지. 그래서 흔히 해남을 가리켜 남쪽에 있는 바닷가 끝마을이란 의미로 '땅끝마을'이라 한다더라."

아버지의 말에 박승직의 마음도 움직였다.

서울에서 해남까지 간다면 한반도의 절반을 눈으로 보고 겪을 수 있겠다는 생각이 들었던 것이다.

"가서 무슨 일을 하게 될지는 모르지만, 가보도록 하겠습니다."

이렇게 말하는 박승직은 내심 기대감에 부풀어 있었다. 새로운 세상과의 만남은 충분히 가슴 두근거리는 일이 아닐 수 없었던 것이다.

민영완은 소작농을 부치는 박문회의 집에 가끔 들르곤 했는데, 그때마다 부지런히 일하는 그의 셋째 아들 박승직을 눈여겨보아 두고 있었다. 그리고 때마침 해남군수로 가게 되었을 때 믿을 만한 인물로 그의 얼굴이 떠오르자 박문회에게 특별히 부탁을 넣은 것이었다.

"사실 나는 너를 붙잡아 두고 싶었다. 그러나 지주가 특별히 부탁하는 것이고, 네가 또 가겠다고 하니 말리지는 않겠다."

이 같은 부친의 말에 박승직은 가족들에게 조금 미안한 생각이 들었다. 그러나 세상 구경을 하겠다는 욕심이 먼저 앞섰다. 며칠 후 박승직은 민영완을 따라 전라남도 해남으로 내려갔다.

해남에서 박승직이 맡은 일은 군수인 민영완의 개인 비서 역할이었다. 군수를 곁에서 수행하면서 공문서를 챙기고, 온갖 서류를 작성하고, 심부름으로 군내에 있는 면소재지 곳곳을 돌아다니기도 했다. 그러다 보니 그에게는 눈으로 보는 것이 전부 공부였고, 공무로 만나는 사람들의 이야기가 모두 새로운 정보였다. 특히 장터에서 장사꾼들이 물건을 거래하는 풍경을 구경하는 것은 돈을 주고도 살 수 없는, 살아 있는 진짜 공부였던 것이다.

군의 업무가 해남군에만 한정되어 있는 것은 아니었다. 거의 전라남도 전역에 걸쳐 군수의 심부름을 다녀야 할 정도로 일이 많았다. 해남과 가까운 영암·나주·무안·강진 등지로 업무차 출행을 하게 되면 박승직은 반드시 그 지역의 대표적인 장터를 돌았다. 그때마다 어떤 물건이 어디서 들어오고, 어떤 물건이 다시 어디로 팔려 나가는지 유심히 관찰했다. 당시 물건을 이 고장에서 저 고장으로, 다시 또 다른 고장으로 옮기는 장사꾼들을 보부상이라 했다.

박승직은 그들 보부상들끼리는 긴밀한 조직 체계를 갖고 움직인다는 사실을 알았다. 그때만 해도 높은 고개나 험준한 산길을 통과할 때 산적들이 출몰해 물건을 몽땅 빼앗길 수 있었으므로, 보부상들은 상단商團처럼 여러 명씩 조직을 꾸려 행동을 같이하곤 했다. 이렇듯 물건의 전국적 유통은 바로 보부상들에 의해 이루어지고 있었던 것이다.

군수 민영완은 항상 부지런한 박승직에게 공무 이외의 남는 시간은 최대한 개인적으로 활용토록 허락했다. 그러나 구체적으로 개인 시간에 어디서 무엇을 하는지는 알지 못했다.

"공무가 끝나면 조신하게 공부를 하는 줄 알았는데, 어디를 그리 바삐 오가곤 하는가?"

어느 날 민영완이 박승직에게 물었다.

"장터를 두루 살펴보고 있습니다."

"허허, 장터를?"

민영완은 박승직의 말이 전혀 의외라는 듯 그렇게 되물었다.

"장터에 가면 물산의 움직임을 알 수 있습니다. 해남과 강진 장은 제주도산 갓의 집산지인데, 여기서 보부상들에 의해 전국적으로 팔려 나가고 있사옵니다."

"자네 부친이 비록 농사를 짓지만, 대대로 양반의 피를 이어받은 가문임을 내가 알고 있네. 자네의 오랜 조상이 조선 초 정종대왕의 부마도위였다고 들은 바 있어 하는 말이네만, 근면 성실한 자네가 전심전력으로 공부를 해서 과거에 응시, 출사를 하는 것이 가문을 빛내는 도리가 아니겠는가?"

민영완의 말처럼 박승직의 집안은 조상이 정조의 사위인 부마도위를 지냈다고 해 부마공파(駙馬公派)라 불리었다. 그러나 그의 집안은 오래도록 과거에 급제를 하지 못해 몰락한 양반 가문의 명맥만 겨우 유지하고 있는 실정이었다.

"십 년여 경서를 읽었사오나, 애초 벼슬에는 뜻을 두지 않았사옵니다. 시대는 이미 많이 변했사옵니다. 이제는 개항이 되면서 서양 문물이 물밀듯 들어오는 추세고, 그래서 저는 장사로 나서볼까 하는 꿈을 꾸고 있사옵니다."

박승직은 솔직하게 자신의 마음을 털어놓았다.

"어허, 장사란 상것들이 하는 일이 아니더냐?"

"지금 외세의 득세로 나라가 어지러우니, 벼슬길에 오르기도 쉽지 않을뿐더러 설사 오른다 하더라도 오래 유지하기 힘들 것이옵니다. 그보다는 상것들의 일이라 하나 돈을 많이 벌어 양반들도 무시하지 못할 그런 부자가 되고 싶사옵니다."

이러한 박승직의 말에 민영완은 할 말을 잃어버렸다.

그러나 민영완도 시대를 읽을 줄 알아서, 왜 박승직이 그런 생각을 하는지 충분히 짐작하고 있었다.

"그러하다면 내가 자네의 의지를 꺾을 순 없지. 내가 많은 시간을 줄 터이니, 해남에 있는 동안만이라도 전라도 땅을 두루 돌아다니며 물산을 연구해 보도록 하게나."

민영완은 그런 면에서 깨어 있는 인물이었다.

해남에 내려가 있는 동안에 박승직은 300냥을 모았다. 군청 업무를 보면서 틈틈이 장터에 나가 물건 거래를 한 끝에 그만한 목돈을 모을 수 있었던 것이다. 그는 그 돈을 맏형 박승완에게 보냈다. 그 돈을 밑천으로 포목장사를 하면 좋을 것이라는 편지도 함께 인편으로 전했다.

해남 생활 3년째 되던 해인 1883년에 고향으로 돌아온 박승직은, 그때부터 본격적으로 장사를 해보려고 마음먹었다. 그러나 형에게 보낸 300냥은 이미 다른 물건을 구입하는 데 쓴 터라 당장 활용할 수가 없었다. 형 박승완은 동생이 보낸 300냥으로 1882년에 당시 서울부 종로 4정목 15번지에 면포상을 개업했던 것이다.

박승직은 당장 목돈이 없어 장사를 하지 못하게 되자, 해남에서 올라온 이후 2년간 과골에서 농사를 지었다. 하지만 농사를 짓는 틈틈이 송파나루에 나가 장터 분위기를 익혔다.

당시 송파나루는 북한강과 남한강의 지류를 따라 한강으로 흘러드는 뱃길이 닿는, 서울에서 가장 큰 나루로서 강원·충청·경기 일원의 물품들이 모이는 집산지였다. 또 마포나루와 함께 서울에서

나루터 시장이 열리는 가장 대표적인 곳으로 손꼽혔다. 마포나루는 삼남지방의 곡식과 새우젓 등 젓갈류의 집산지로 유명했다.

전국을 무대로 이곳저곳 물건을 갖고 돌아다니며 장사를 하는 보부상들도 대개는 송파나루와 마포나루로 모여들었다. 이곳을 통해 곧바로 서울의 육의전이나 남대문과 동대문 근처의 난전으로 물건이 들어갔기 때문이다.

박승직이 해남에 있었을 때 알게 된 보부상들도 송파나루와 마포나루를 오가기 때문에 자연스럽게 만날 수 있었다. 그는 이 나루터 시장에 그냥 구경을 나오는 것이 아니었다. 물산에 관한 정보도 얻으면서 틈틈이 작은 규모의 거래를 해 2년 만에 장사 밑천을 마련했다.

해남에서 고향으로 돌아온 지 2년 만인 1885년부터 박승직은 평안도·경상도·강원도 지역을 시작으로 보부상을 따라다니며 면직물을 사다 송파나루에 넘겼다. 당시 시골 아녀자들은 가내수공업으로 면직물을 짰는데, 농가마다 돌아다니며 그것을 거두어 큰 시장에 넘기는 장사를 '환포상'이라 불렀다.

당시 박승직은 지방 산지에서 백목^{白木}, 즉 무명 한 필을 10전에 사다가 서울 큰 시장에 20전에 넘겼다. 노자를 제외하면 한 번 행차에 곱절의 이익을 남기는 장사였으므로, 수입이 꽤나 쏠쏠했다.

보부상들은 조랑말에 길마를 지워 물건을 실어 날랐는데, 보통 한 번에 취급할 수 있는 양이 무명 30필 정도였다. 이러한 무거운 포목을 조랑말에 실은 채 걸어서 험준한 산야를 이동하는 것은 보통 힘든 일이 아니었다.

박승직은 끼니를 거를 때도 많았다. 좋은 포목을 만나면 끼니 때울 식대는 생각도 안 하고 모두 물건 사는 데 써버렸다. 식대를 한 푼이라도 아끼느라 쌀밥 대신 조밥을 먹었으며, 강원도로 돌아다닐 때는 그곳에서 가장 흔한 감자를 싼값에 사서 직접 불에 구워 먹으며 끼니를 대신하기도 했다. 비가 와서 불을 피울 수 없을 때는 생감자를 씹어 먹는 경우도 더러 있었다.

태생적으로 건강 체질이었던 박승직은 다른 보부상들의 발길이 닿지 않는 오지를 주로 찾아다녔다. 강원도에도 오지가 많지만 전라도의 나주나 강진, 경상도의 의성이나 의흥 등지는 보부상들의 발길 자체가 뜸한 곳이었다. 그가 이러한 오지를 즐겨 찾아다닌 이유는 도로 사정이 좋은 대처보다 헐한 가격에 물건을 살 수 있었기 때문이다. 싸게 사서 비싼 값에 넘겼으므로 비록 힘은 들지만 이문이 많이 남았던 것이다.

이처럼 박승직은 보부상으로 전국을 떠돌면서 세상을 폭넓게 경험했으며, 그와 함께 야망 또한 크게 키워 나갔다. 그가 꿈꾸는 것은 나라에서 최고의 거상이 되는 것이었다. 따라서 보부상은 거상으로 발돋움하기 위한 초보적인 걸음마 단계였을 뿐이었다.

이미 서울의 육의전에 있는 각종 점포들은 거의 다 권세가를 등에 업은 상인들 차지가 되어 접근조차 어려웠지만, 박승직은 그들보다 더욱 큰 상점을 열고 싶었다. 그를 위해서는 자금이 많이 필요했고, 그런 자금을 확보하기 위해 보부상이 되어 전국을 누비며 돈이 되는 물건이라면 품목을 가리지 않고 취급했다.

박승직은 '근자성공勤者成功'이란 글씨를 자필로 써서 벽에 붙여놓고, 그것을 좌우명으로 삼았다. 보부상으로 전국을 떠돌 때도 그 글씨를 매일 마음속에 아로새기며 스스로를 채찍질했다. 그가 좋아하는 말이 또 하나 있었는데, 그것은 '가화만사성家和萬事成'이었다. 《명심보감明心寶鑑》〈치가治家〉편에 "자식이 효도하면 양친이 즐거워하고, 가정이 화목하면 만사가 이루어진다子孝雙親樂 家和萬事成"는 대목에서 나온 이 말을 그는 어려서 한학을 공부할 때부터 가슴에 새겨두었다.

1888년에 박승직은 경기도 광주군 대왕면 둔전리에 30여 석을 추수할 수 있는 전답을 사서 임의실 과골에 살던 일가를 이주시켰다. 형 박승완에게서 돌려받은 돈 300냥과 그동안 보부상을 해 번 돈으로 땅을 산 것인데, 그의 나이 25세 때의 일이었다. 남의 땅을 소작하던 집안이 드디어 그처럼 소원하던 자기 땅을 갖게 된 것이다. 아무리 사업이 중하다 하더라도 일단 집안의 평안을 도모한 후에 시작해야 한다는 것이 그의 생각이었다.

두산의 장수비법 ❷

세상을 향해 큰 그림을 그릴 줄 아는 기개

박승직이 보부상으로 전국을 떠돌며 세상을 익힌 것은 당시 우리나라 최고의 거상이 되겠다는 꿈을 실현하기 위한 준비 작업이었다. 이론과 실제는 다른 법이다. 그는 장터에서 보고 들은 정보^{이론}만으로는 부족하다는 생각에 보부상이 되어 발로 뛴^{실제} 것이다. 대체로 이론이란 여러 가지 사례들 중에서 가장 중요한 핵심을 뽑아내어 공통분모를 체계화한 것이라고 할 수 있다. 그러므로 현장에 나가면 이론과 실제는 조금 차이가 생길 수 있는 것이다.

박승직이 우리나라 최고의 거상을 꿈꿀 수 있었던 것은 실제로 보부상 경험을 통해 전국 물산의 유통 구조를 익혀 그만큼 자신감을 확보했기에 가능한 일이었다. 그에게 보부상 경험은 이제 가만히 앉아서 장사를 하더라도 전국 시장 상황을 거울 들여다보듯 꿰뚫을 수 있는 감각을 갖게 한 것이다.

그래서 박승직은 보부상을 해서 번 돈의 일부를 가지고 집안에 30석지기의 땅을 마련해 준 뒤, 나머지 돈으로 앉아서 돈을 벌 수 있는 상점을 열기로 결심하게 된다.

3 새로움에 대한 강한 호기심이 인생의 터닝 포인트다

'아는 만큼 보인다'는 말이 있다. '백문이 불여일견百聞-不如一見', 즉 '백 번 듣는 것이 한 번 보는 것만 못하다'는 말도 있다. 이는 현장 체험의 중요성을 강조하는 명언이다.

　세상을 넓게 보고 크게 생각하는 사람은 새로운 것을 발견할 경우 예사롭게 보지 않는다. 새로운 것이 있을 때 그것을 어떻게 보느냐에 따라 두 종류의 사람으로 나뉜다. 한 부류는 새로운 것의 겉모습만 보고 그저 신기하다고 생각하는 사람들이다. 이들을 가리켜 세간에서는 흔히 '눈뜬장님'이라고 말한다. 다른 한 부류는 신기하다는 단순한 호기심을 넘어서서 새로운 것에 대해 스스로에게 '왜?'라는 질문을 던지는 사람들이다. 이들은 스스로에게 던진 질문을 통해 그 자신을 변화시킨다. 무슨 이야기인가 하면, 새로움에 대한 강한 호기심이 그의 인생을 바꾸어주는 터닝 포인트가 될 수 있다는 것이다.

시계는 언제나 쉬지 않고 돌아간다. 이 세상 또한 단 한시도 멈추지 않고 변화를 거듭한다. 그러한 변화에 민감한 사람만이 끊임없이 자신을 발전시켜 성공자의 길을 개척해 나간다.

박승직은 보부상으로 전국을 떠돌면서 많은 것을 보고 배우며 익혔다. 마음속으로 나라 최고의 거상이 되겠다는 꿈을 꾸던 그는 일단 30석지기 전답을 사서 집안을 안정시킨 후에, 대처에 나가 본격적인 장사를 하기로 결심했다.

그래서 박승직은 집안을 경기도 광주군 대왕면 둔전리로 이주시킨 그 이듬해인 1889년에 서울로 거처를 옮기기로 하고 맏형 박승완을 찾아갔다. 당시 맏형은 광주 일대와 서울 청계천 부근을 오가며 생활용품 장사를 하고 있었다.

"본격적으로 장사를 시작하려면 서울로 이사를 해야겠습니다. 형님께선 어찌 생각하시는지요?"

박승직이 맏형에게 물었다.

"이참에 서울로 들어가면 좋기야 좋지. 그런데 서울은 워낙 집값이 비싸서 말이야. 내가 한번 서울 가는 길에 마땅한 집이 있는지 알아보마."

며칠 후 맏형은 박승직에게 긴히 의논할 것이 있다고 했다.

"집에 관한 겁니까? 어디 마땅한 집이 있던가요?"

"음, 있기는 한데 좀 비싸더구나. 배오개 옹기전에 집 두 채가 있는데, 값이 260냥이다. 너하고 그 집을 같이 사서 이사하면 좋겠다만, 내게 있는 돈으로는 턱없이 모자라는구나."

"얼마만 더 있으면 되는데요?"

"140냥이 부족하구나."

그러면서 맏형은 박승직의 눈치를 살폈다.

"그 정도 돈은 제게 있으니 당장 계약을 하시지요. 형님과 바로 옆에 붙어 산다니 저 또한 의지가 되고 좋습니다. 형수님이 좀 불편하셔서 그렇지."

박승직은 오래전에 상처를 했음에도 그때까지 재혼을 하지 않고 있었다.

동대문 근처 배오개로 이사하게 된 박승직은 집 두 채 중 큰 집을 맏형 가족이 살게 하고 자신은 뒤에 붙은 작은 집을 쓰기로 했다.

그러나 맏형 박승완은 이사를 한 해인 1889년에 그만 세상을 떠나고 말았다. 결국 박승직이 맏형의 식구들까지 책임지지 않으면 안 되었다. 둘째 형 박승기(朴承虁)가 있었지만, 그때까지만 해도 둔전리에서 농사를 지으며 틈틈이 시간 날 때만 장사를 했던 것이다. 그러나 맏형이 세상을 떠나자 둘째 형도 서울로 올라와 배오개에 집을 마련하고 포목점을 열어 형제들이 이웃해 살게 되었다.

아무튼 서울에 올라와 처음 배오개에 삶의 터전을 마련한 박승직은 당분간 보부상을 계속하면서 서울 곳곳을 누비며 새로운 문물들을 보고 익히는 데 전력을 다했다.

박승직은 이 시기에 주로 포목을 다루었다. 서울에서는 면포를

'토포'라고도 했는데, 외국에서 들어온 양포와 함께 팔려 나갔다. 면포와 양포는 질적으로 달랐으며, 가격도 차이가 많았다. 주로 농촌 지역의 아녀자들이 농한기에 수공업으로 짜내는 면포는 겉은 거칠고 투박해 보였지만 내구성이 좋았다. 반면에 기계로 짜내는 양포는 미려하고 매우 부드러워 보였으나 질기지 못한 것이 흠이었다. 그래서 양포는 서울의 도심 지역에서 주로 잘 팔렸고, 가난한 사람들이 많이 사는 변두리 지역에서는 아무래도 질긴 면포를 많이 찾았다. 양포보다 면포가 비싼 편이었는데도 그랬다.

같은 이유로 주로 도시 지역은 양포를, 시골 지역은 면포를 선호하는 편이었다. 특히 도시의 중간 계층이 양포를 많이 소비했다. 양포는 주로 개항장을 통해 도시 지역으로 나갔고, 면포는 지방 특산물로 분류되어 아래로는 경상도·전라도 지역에서부터 위로는 강원도·함경도 지역까지 전국적 규모로 널리 유통되었다. 특히 면포는 해산물과의 교역 상품으로서도 중요한 역할을 담당했기 때문에 보부상들의 주거래 품목이 되었다.

박승직 역시 면포를 많이 취급했지만, 날이 갈수록 도시 지역에서는 외국에서 들어오는 양포의 수요가 늘어나고 있다는 데 촉각을 곤두세울 수밖에 없었다. 이러한 직물 거래를 통한 동서양 문물 교류 양상을 피부로 느낄 수 있는 곳이 바로 서울이었다.

박승직은 늘 새로운 문물에 대한 강한 호기심으로 가득했다. 당시 서양 문물을 가장 빨리, 그리고 손쉽게 접할 수 있는 것은 종교를 통해서였다. 그가 만난 몇몇 미국 선교사들에게 듣는 새로운 문물 이야기는 실로 거짓말같이 놀라운 것이었다. 당시만 해도 전등, 수도, 전차와 전화 같은 것들은 상상도 못할 때여서, 선교사들이 그런 기기들에 대해 이야기하는 것을 들으면 도무지 믿을 수가 없었다. 예를 들어 벽에서 물이 나오는 수도, 편지 같은 사연이 줄을 타고 하루 동안 수백 리를 가는 전보 이야기는 거짓말처럼 느껴졌다.

그런데 개화 초기에 실제로 선교사들이 말한, 그런 선진화된 문물들이 물밀듯이 밀려 들어오는 것을 보고 박승직은 큰 충격을 받지 않을 수 없었다. 전등이 들어와 등잔을 밀어냈으며, 전화기가 들어와 먼 거리에서도 직접 음성 통화가 가능해진 것이다.

전통적인 유교 사회에서 유교 사상에 뿌리를 둔 서책으로 한문 공부를 한 박승직이었지만, 거짓말이라 여기고 믿지 않았던 선교사들의 이야기가 사실로 나타나는 것을 보고 놀라움을 금할 길이 없었다. 그가 당시 막 국내에 전파된 그리스도교에 관심을 기울이기 시작한 것도 그러한 서양 문물에 대한 강한 호기심 때문이었다.

박승직은 1884년에 설립된 연동교회에 예배 처소용 천막을 전담해서 대여하는 등 독실한 그리스도교 신자로 변해 있었다. 교회의 설립과 발전을 돕는 것은 신앙인으로서 당연한 의무였다. 이때 그와 마찬가지로 포목상을 했던 둘째 형 박승기와 또 한 사람 최인성도 교회에 천막을 대여하는 일에 적극 동참했다. 이들은 모두가 연동교회 가까운 곳에서 포목상을 운영하고 있었다.

유교주의자였던 박승직이 어떻게 이렇게 빨리 그리스도교로 개종하게 되었는지에 대해 의문을 가질 수도 있겠으나, 새로운 문물에 대한 강한 호기심과 기대감이 가장 큰 이유라면 이유였을 것이다. 그 무렵 그는 우리나라 최고의 거상이 되겠다는 꿈을 실현하기 위해 보부상으로 전국 각지를 떠돌며 부단한 노력을 기울였으며, 이제는 걸어 다니는 장사보다 앉아서 하는 큰 상점을 차려야 할 때라고 생각했다. 상점은 여러 가지 물품이 들어오고 나가는 곳이었다. 박승직은 그동안 많은 보부상들과 친교를 맺고 있었으므로, 큰 상점을 만들어 동서양 문물을 많이 쌓아두고 그들을 통해 전국적 판매망을 넓혀나가겠다는 생각을 갖고 있었다. 일종의 도매상이라고 할 수 있는데, 그런 상점을 경영하려면 외국 문물에 대한 정보를 누구보다 빨리 입수하는 것이 관건이었다.

박승직은 그리스도교를 믿고 열심히 교회에 나가는 것이 그곳에 온 선교사들로부터 서양 문물에 대한 최신 정보를 가장 빨리 얻는 지름길이라고 생각했다. 이처럼 그는 그리스도교인으로 거듭나면서 여러 면에서 많이 달라졌다. 그리스도교를 믿으면서 선교사들로부터 얻는 새로운 정보는 우리나라 최고의 거상이 되겠다는 그의 꿈을 더욱 확고하게 해주는 계기로 작용했으며, 그 꿈을 무한대로 가져갈 수 있는 가능성까지 열게 했다. 국내만이 아니라 세계로 뻗어나갈 수 있는 기업의 뿌리를 그 가능성에서 발견한 것이다.

두산의 장수비법 ❸

새로운 세상을 개척하는 발상의 전환

박승직이 만난 인생의 터닝 포인트는 바로 그리스도교였다. 유교에서 그리스도교로의 개종은 새롭게 개척해 나갈 거상으로서의 입지를 굳히는 일이기도 했던 것이다. 보부상에서 도매상으로 발돋움하는 것 또한 이때를 기해 이루어졌는데, 생각의 전환은 이처럼 많은 변화를 가져오게 했다.

4 성공하려면 떳떳하게 자신의 이름을 걸어라

사업을 할 때 가장 중요한 것은 신용이다. 자본이 있어야 사업을 시작할 수 있지만, 자본보다 더 중요한 것이 다른 사람들에게 인정받는 사람이 되는 것이다. 즉 사업과 관련 있는 사람들의 신뢰가 바탕이 되어야만 탄탄하게 기반을 닦아나갈 수 있다. 따라서 신용은 사업의 기반이고 자본은 그 씨앗이라 말할 수 있다.

처음 시작할 때 돈이 없어도 신용만 있으면 사업 자본을 마련할 수 있다. 주변에 돈을 가진 사람은 많다. 그러나 좋은 사업 아이디어나, 그것을 통해 이윤을 재창출할 능력을 가진 사람은 많지 않다. 돈을 가진 사람들은 신용도 높고 사업 능력이 뛰어난 사람에게 사업 자금을 투자한다. 이때 담보가 되는 것은 부동산이 아니라 바로 사람에 대한 신용이다.

다른 사람들이 그를 신용하는 것은, 당사자의 떳떳함에 대한 신뢰에서 나온다. 다른 사람 앞에서 떳떳할 수 있다는 것, 그것은 자신감이자 용기이며, 자기 신뢰의 한 표현이다.

박승직은 경기 광주군 대왕면 둔전리에서 서울로 이사한 이후 한곳에다 점포를 마련하지 않고 보부상으로 전국을 떠돌며 장사를 했다. 그렇게 7년이 지난 후인 1896년에 가서야 비로소 점포를 마련하기로 결심했다. 그동안 보부상을 하면서 어느 정도 사업 자금도 모았고 거래처도 확보했으며, 보부상이나 난전 상인들에게 확고부동한 신뢰를 쌓아놓았다.

이때 박승직은 장차 점포를 마련해서 그동안 터득한 수완을 잘 발휘하면 거상이 될 수 있겠다는 남다른 자신감을 갖고 있었다. 바로 2년 전인 1894년에 단행된 갑오개혁甲午改革으로 인해 일부 특권층 상인들이 상권을 지배하던 육의전이 폐지되었다. 당시 육의전의 시전인市廛人들은 자신들이 취급하는 상품을 일반 상인들은 거래하지 못하도록 관으로부터 특권을 부여받아, 종로 일대의 시전거리를 독점했다. 관청에서 쓰는 종이·면포·비단·어물 등 주요 품목을 독점적으로 납품해 말썽이 많았던 것이다.

이러한 육의전 시전인의 독점 체제가 무너지면서 남대문이나 동대문 근처에서 난전을 벌이던 일반 상인들도 운종가에서 마음대로 장사할 수 있게 되었다. 그러나 워낙 육의전이 있는 운종가는 텃세가 심한 데다 자금 규모가 크지 않으면 점포를 차릴 엄두도 낼 수 없을 만큼 부동산 값 또한 비쌌다.

박승직은 갑오개혁 이후 2년 동안 운종가 육의전 거리를 눈여겨 보며 기회를 엿보았으나, 자신의 자금 규모로는 도저히 종로에 입성할 수 없다고 판단했다. 그래서 그는 집에서 가까운 배오개의 번화한 거리에 점포를 마련키로 결심을 굳혔다.

미래 지향적이고 진취적인 안목을 갖고 있었던 박승직은 앞으로 배오개에 큰 상권이 형성될 것이라는 것을 그동안 쌓아온 시장 감각을 통해 정확하게 예측하고 있었다. 개화기가 시작되면서 배오개는 사상私商, 즉 일반 상인들이 상행위를 하는 근거지로서 운종가의 시전 상인들과 만만치 않은 경쟁 상권을 형성하고 있었다. 뿐만 아니라 배오개는 지리상으로도 한반도 동북방의 상품과 삼남지방의 상품이 교류하는 유일한 목지점이라고 할 수 있었다. 또한 한강 남쪽에서 올라오는 송파나루의 물품을 받기에 수월했다. 또 남해와 서해 바닷길을 통해 한강 줄기를 타고 올라오는 삼남 지역의 배들이 마포나루에 모이게 되는데, 이 나루장터를 통해 들어오는 물품 또한 배오개를 거쳐야 동북 지역으로 팔려 나갈 수 있었던 것이다.

일단 점포를 배오개에 내겠다는 결심이 선 박승직은 1896년 초여름, 이웃에 사는 형 박승기를 찾아가 자신의 계획을 털어놓았다.

"형님, 이젠 이곳 배오개에다 점포를 마련해야겠습니다. 보부상만으로는 돈을 버는 데 한계가 있습니다. 점포를 차려 보부상들과 난전 상인을 상대로 장사를 한다면 큰돈을 벌 자신이 있습니다."

"좋은 생각이다. 한데 네게 점포를 차릴 만한 자금이 있느냐?"

박승기가 근심 어린 표정으로 동생을 쳐다보았다. 점포를 차리려면 토지와 건물을 구입해야 하기 때문에, 고정자본이 많이 들어갈 수밖에 없었다. 더군다나 점포에 들여놓을 물건들을 구입하려면 유동자본 또한 만만찮게 확보하고 있어야만 가능한 일이었던 것이다.

당시 박승기는 맏형 박승완이나 동생 박승직보다 둔전리에서 조금 늦게 서울로 이사했지만, 배오개 큰 거리에 집을 사두었다. 그리고 박승직처럼 보부상으로 전국을 돌아다니며 적극적으로 장사를 하진 않았으나, 송파나루와 마포나루, 성내의 난전을 오가며 포목장사를 해 제법 짭짤한 돈벌이를 하고 있었다. 1884년에는 연동교회에 박승직, 최인성과 함께 광목으로 천막을 만들어 윤번제로 예배 처소를 제공할 정도였다.

"그래서 형님께 이렇게 의논을 드리는 것입니다. 제겐 물건을 구입하고 점포를 꾸려나갈 운용 자금은 있습니다. 그러나 점포를 차리려면 토지와 건물이 있어야 하는데……."

박승직은 그러면서 형 박승기의 얼굴을 똑바로 바라보았다.

"그래, 전부터 네게 장사 수완이 있다는 걸 모르진 않는다. 우리 집안이 포목상으로 이만큼 재산을 이룩한 것도 다 네가 발로 뛰며 보부상을 한 덕이 아니겠느냐? 그동안 내가 점포도 없이 앉은장사를 할 수 있었던 것도 다 네가 가진 인맥을 통하지 않았다면 가능키나 한 일이었겠느냐? 내가 이 집을 제공하마. 때마침 배오개의 사람이 많이 다니는 번다한 거리에 있으니 점포로서 이만한 목지점도 없을 게다."

박승기는 동생 박승직의 마음을 이미 읽고 있었던 것이다. 그래서 흔쾌히 토지와 집을 점포 자리로 내놓을 수 있었다.

이렇게 박승직은 배오개 번화가에 점포를 차리게 되었다. 그런데 문제는 점포 이름을 무엇으로 하느냐였다. 박승직은 운영 자금을, 형은 고정자본을 댄 입장이라 대표성을 누가 가지는지에 대한 문제가 걸려 있었던 것이다. 점포 개설에 따른 출자는 박승직 단독으로 낸 것이었으나, 점포 가옥은 박승기가 임대료 없이 내놓은 것이므로, 일단 형의 의견을 들을 필요가 있었다.

"제 생각에는 점포를 형님 이름을 따서 지었으면 합니다."

박승직이 이렇게 운을 떼자 형 박승기가 펄쩍 뛰었다.

"무슨 소리냐? 이건 네 점포다. 동업이 아니라 네가 토지와 건물을 내게서 임대한 것으로 생각해라. 앞으로 이 점포에 드나들 보부상이나 난전 상인들, 종로통 시전거리의 거래처 사람들 모두 네 인맥들이니 당연히 점포 이름은 '박승직상점'으로 하는 것이 좋겠다."

박승기의 말은 하나도 틀린 것이 없었다. 앞으로 점포를 잘 운영하려면 물건의 품목을 제대로 알고 시장 정보에 빠른 박승직이 대표가 되어야 마땅했던 것이다.

결국 박승직도 형 박승기의 말에 따르기로 했다. 그는 자신의 이름에 값할 만한 거상으로 성공할 자신이 있었다.

이렇게 해 마침내 1896년 8월 1일 서울 종로4가 15번지에 '박승직상점'을 개설하게 되었다. 점포 간판을 내걸 때 박승직은 그것이 바로 자신의 얼굴이라 생각했다. 그러므로 그의 어깨에선 책임감이 묵중하게 느껴졌다. 이때는 이미 그의 나이도 33세의 장년이 되어 있었다. 그가 양반 신분임에도 체면을 무릅쓰고 장사를 하기로 마음을 굳힌 후 십오륙 년이 지났으니, 그동안 장사에 뼈를 묻으며 익힌 노하우를 이제는 점포 운영에 활용해 그가 꿈꾸던 거상의 입지를 세우는 데 박차를 가할 때였다.

바로 이때 한반도에도 근대화 바람이 불기 시작했다. 외국에서 들어오는 물품들이 재래 전통 상가에도 넘쳐났다. 외래 물품들만 들어오는 것이 아니었다. 청국과 일본의 상인들도 그러한 물품들을 반입하면서 도처에 우후죽순으로 상권을 형성해 국내 상인들의 경쟁 상대로 떠올랐다.

점포 개설 초기에 박승직상점이 주로 취급한 품목은 국내산 목면이었다. 그러나 국내산 목면만 고집할 수는 없는 형편이었다. 1884년 청일전쟁이 일어나기 전까지는 주로 수입 면포가 영국 제품이었는데, 서양에서 들여왔다고 해서 국내산 면포와 구별하기 위해 '양포'라 불렀다. 그런데 이들 양포는 기계로 대량으로 생산했기 때문에 생산 단가가 낮았고 값도 싸서 소비자들에게 인기를 끌었다. 날이 갈수록 양포 수입량이 늘어나는 것은 어찌할 수가 없었다. 이러한 시장 환경에 적응하기 위해서는 박승직상점에서도 양포를 취급하지 않으면 안 되었다. 고집스럽게 국내산 면포만 취급하다가는 단골 고객까지 잃어버릴 위험에 처해 있었다.

면포 시장의 상황은 더욱 나빠졌다. 청일전쟁에서 일본이 승리를 거둔 이후에는 일본 제품이 물밀듯이 들어왔는데, 특히 옥양목은 영국 제품에 비해 현저하게 질이 떨어졌음에도 값이 싸다는 이유로 일반 서민들이 많이 찾았다. 그러다 보니 국내산 목면의 입지는 더욱 악화되어, 면포 시장이 잠식당할 위기에 처했다.

그렇다고 '신용본위'를 내세우는 박승직상점까지 국내산 목면을 외면할 수는 없었다. 양포에 비해 비싼 가격이나 일단 수요에 맞춰 보부상들을 통해 올라오는 목면들을 사들였다가, 전국 각지에서 올라온 포목상을 대상으로 물품을 도매했다. 경기도 연천이나 강원도 철원, 평강 등지에다 지점까지 설치해 판매망을 넓혀나갔다. 이들 지점 중에서 거래가 가장 활발히 이루어진 곳은 강원도 지역이다.

한편 박승직은 이때 면포나 양포만 취급해서는 시시각각으로 변모해 가는 시장을 선점하기 어렵다고 판단했다. 그래서 취급 품목을 점차 다양화해 나갔다. 주단·포목·방적사류·곡류·염류·부정 등을 주거래 품목으로 정하는 한편, 도량형기의 위탁 판매까지도 맡았다.

이렇게 시나브로 박승직상점이 도매상으로서 자리를 잡아가면서 배오개 일대에서 박승직은 대표적 상인으로 떠올랐다. 박승직상점은 곧 박승직 자신이었다. 그리고 박승직은 곧 박승직상점이기도 했다.

두산의 장수비법 ❹

모든 것을 걸고 임하는 신뢰만이 살 길

박승직은 박승직상점이 자신의 얼굴이라 생각했고, 그 얼굴에 책임을 지기 위해 고객이나 거래처와의 신뢰를 지키려고 부단한 노력을 기울였다. 이처럼 자신의 이름과 얼굴을 모두 내걸고 하는 사업이기에 한 치의 사술(詐術)이나 부정도 용납될 수 없었다. 고객들 사이에서는 점차 박승직상점에서 거래하는 물품들은 믿을 수 있다는 신뢰가 쌓였으며, 상인이나 경제 단체들 사이에서는 그를 한인 상계의 대표적 인물로 내세우기에 이르렀다.

5 기부와 봉사로 좋은 이미지와 신뢰를 구축하라

장사를 한다는 것은 단순히 고객에게 돈을 받고 물건을 넘겨주는 행위가 아니다. 물론 대부분 장사꾼이 그렇게 돈을 번다. 그러나 그것은 상행위를 단순한 교환가치로만 생각하는 것으로 이득에만 눈이 먼 작은 장사꾼으로 전락할 위험이 높다.

거상은 단순히 물건을 파는 것이 아니라, 그 행위를 통해 자신의 마음을 판다. 겉으로 드러난 모습은 고객과 물건이나 돈을 주고받는 관계이지만, 그 속에 숨어 있는 내면 풍경은 인정^{人情}이 교환되는 현장인 것이다. 같은 상행위라 하더라도 작은 장사꾼은 싸게 물건을 사서 비싼 가격에 팔아 이문을 많이 남기려 들지만, 거상은 자신의 이미지를 팔아 더 많은 고객을 확보하는 데 주력한다는 점에서 큰 차이가 있다.

박승직은 1896년 '박승직상점'을 설립한 후 불과 몇 년 사이에 동대문과 종로 일대에서 '배오개 거상'으로 불리게 되었다. 그가 이처럼 빠르게 성장할 수 있었던 것은 물건이 아니라 마음을 팔려고 노력한 덕분이다. 그는 물건을 파는 단순 행위를 할 때도 자신이 더 많은 이득을 취하기보다는 어떻게 하면 고객이나 거래처 상인들에게 도움을 줄 수 있는지 먼저 생각했다. 싸고 좋은 물품을 구입해 고객에게 다른 상점보다 조금이라도 저렴한 가격으로 판매하려 노력했다. 좋은 거래처가 있으면 혼자 독식하지 않고 다른 상점에도 소개해 거래를 활성화함으로써 고객과 점주 양측에게 좋은 인상을 심어주는 데 성공했다.

　이런 식으로 시장이 더 활성화되면 결과적으로 상점을 운영하는 점주나 고객 모두에게 이득이 돌아간다는 것을 박승직은 잘 알고 있었던 것이다. 왜냐하면 싸고 좋은 물건이 많이 들어오면 시장은 더욱 활기를 띠게 되고, 그 소문을 듣고 더 많은 고객이 몰려들면 상점도 더 많은 이득을 남기게 되기 때문이었다.

　이러한 노력 끝에 박승직은 1900년대로 들어서면서부터 국내 상계의 유력 인사로 떠올랐다. 1897년 조선 왕조는 국호를 '대한제국'으로 바꾸었는데, 당시 고종황제는 한인 상계의 발전적 본보기를 보여주었다는 공로를 인정해 그에게 두터운 신임을 표했다. 즉 1900년 12월 그에게 성진감리서城津監理署 주사라는 관직을 준 것이다. 성진城津은 함경북도 남단에 있는 항구를, 감리서는 당시 개항장開港場·개시장開市場의 행정과 대외 관계의 사무를 관장하던 관서를 말한다.

감리소의 소관 업무는 대개 외국 영사와의 교섭 담당, 조계租界 안의 일체 사무 관계, 개항장에서의 상품 수출입과 세액의 많고 적음을 검토하고 수납해 탁지부와 외부에 보고하는 관세 사무, 거류지 내 외국인과 왕래하는 조선 상인의 보호, 개항장의 상업·치안 질서 유지 등 개항장 내 모든 사무를 전담·처리하는 것이었다. 여기서 주사는 감리 바로 밑에 직속으로 있는 직책으로 보통 감리 1인에 주사 2인이 배치되었다.

그리고 박승직은 1905년에 6품, 한 해 뒤인 1906년에는 중추원의관中樞院議官에 선임되면서 정3품에 승서되었다. 중추원의관은 오늘날의 국회의원에 해당하는 벼슬로 당시 전국적으로 50명가량이 있었다고 한다. 의관의 자격은 칙임관·국가유공자 및 정치·법률·이재理財에 대한 학식이 풍부한 사람들로서, 내각회의를 거쳐 내각총리대신의 추천에 의한 칙선勅選으로 임명되었다.

이렇게 박승직은 1910년 일본의 강압에 의해 경술국치를 당하기 전까지 관직과 인연을 맺으면서 나라의 상계를 이끄는 큰 역할을 담당했다.

박승직은 1906년 1월부터 1911년까지 한성상업회의소 상의원으로 재임하면서 면포업계 상인의 권익 옹호와 사업 신장을 위해 혼신의 노력을 기울였다. 그는 상의원으로 있던 1907년, 대한제국 조정이 일본에 빌린 1500만 원의 차관을 갚기 위해 전개된 거국적인 민족운동인 국채보상운동에 적극 동참했다. 백성들이 모금운동을 벌여 나라의 빚을 갚자는 뜻에 공감하고 70만 원을 모금해, 당시

이 운동을 주관하던 광문사光文社에 기부했던 것이다.

이처럼 경술국치 이전에도 일본은 한반도를 식민지화하기 위해 차관 문제를 들어 대한제국 조정을 압박했다. 1905년 청일전쟁을 승리로 이끈 이후에는 한반도를 자국 상품의 소비 시장으로 확보하기 위해 일본 상인들을 대거 끌어들였다.

1903년 약 3만 명이던 일본인 거주자가 1906년에는 8만여 명으로 급증했는데, 이들 중 상당수는 개항장과 서울을 무대로 한 상인들이었다. 이들 일본 상인들은 특히 서울의 노른자위인 종로 일대를 장악해 얻은 상권을 가지고 한인 상계를 위협하는 존재로 떠올랐다.

박승직은 일본 상인들이 본격적으로 한반도에 진출하던 1896년에 '박승직상점'을 개설했으므로, 그들의 행패를 너무나도 잘 기억하고 있었다. 특히 일본 상인들을 대표하는 계림장업단鷄林奬業團의 횡포는 실로 극심하기 이를 데 없었다.

계림장업단은 1896년 고종의 아관파천 후 한반도에서 각축을 벌인 열강들이 기회 균등을 내세워 이권 쟁탈을 하던 시기에 당시 2만 5000명 정도의 일본인들이 국내에 들어와 조직한 단체였다. 일본이 이 단체를 결성한 이유는 당시 자신들이 청일전쟁에서 승리했음에도 고종이 러시아 공사관으로 피신하는 아관파천을 감행하고 의병봉기까지 일어나면서 세력이 일시 위축됐기 때문이다. 이를 틈타 청국 상인의 활동이 재개되는 등 일본 상인들의 활동은 움츠러들었다. 이렇듯 불리한 상황을 타개하고 상권을 회복·확장하기 위해 조직한 것이 바로 계림장업단이었다.

당시 계림장업단은 허울만 행상단이었지, 일본 군복과 비슷한 단복을 차려입고 한인 상인들을 위협하기 위해 흉기까지 휴대한 채 전국을 돌며 물건을 강매하는 칼잡이 낭인, 혹은 깡패 집단과 다름없는 무리들이었다. 그렇다 보니 한인 상인과 계림장업단 사이에 상권을 놓고 많은 갈등이 빚어졌으며, 때로는 크고 작은 충돌이 곳곳에서 일어났다. 그럴 때마다 일본 상인들은 정당방위를 내세워 흉기를 휘두르는 등 행패가 날로 극악해졌다.

이러한 계림장업단의 행패를 보고도 조정에서는 어떤 조치도 취하지 못했다. 친일파가 득세한 데다, 그들이 모두 일본의 눈치만 보고 있었으므로 일본 상인들로부터 한인 상인을 보호할 입장이 못 되었던 것이다. 어느 해인가 일본 상인들이 한인 상인 두 명을 살해하는 사건이 일어난 적도 있었는데, 조정에서 정식으로 항의를 했지만 일본 공사는 먼저 한인 상인들이 일본인을 폭행했기 때문에 일어난 사건이므로 정당방위에 해당한다고 주장했다.

'일본인들의 행패를 이대로 두고 볼 수만은 없지.'

계림장업단의 방해로 한인 보부상들이 마음대로 전국을 떠돌며 장사할 수 없게 되면서 면포 장사의 매출 또한 크게 줄었다. 박승직은 특단의 대책이 필요하다고 생각했다. 이는 비단 박승직상점만의 문제가 아니었던 것이다.

어느 날 박승직은 직물·명사 수입업체인 합명회사 창신사(彰信社)의 회원이기도 한 종로의 포목상 김태희(金泰熙)와 남대문통에서 해동저와 동양목을 전문으로 판매하는 흥일사興一社 대표 장두현張斗鉉을 만나 일본 상인들의 횡포에 대처할 방안을 강구했다.

"이대로 가다간 일본 상인들에게 시장을 다 빼앗기고 말 겁니다. 우리도 대책을 강구해야 합니다."

박승직이 입을 열었다.

"조정에서도 우리 한인 상인들을 보호해 주지 못하는데, 어떻게 우리 힘으로 그들의 행패를 막겠습니까?"

김태희가 한숨을 쉬었다. 그는 특히 종로에서 포목점을 하기 때문에 그 일대 일본 상인들의 득세에 제일 큰 피해를 보고 있었다.

"한인 상인들만으로 된 주식회사를 만듭시다. 대형 점포를 지어 한인 상인들에게만 임대를 주고 일본 상인들의 접근을 금하는 겁니다. 그러면 고객들은 자연히 우리 한인 상인들이 점포를 여는 시장으로 몰려들지 않겠습니까?"

박승직은 고민 끝에 찾아낸 방안을 내놓았다.

"좋은 생각이오. 종로·동대문·남대문 일대의 한인 상인들을 결집하면 주식회사를 설립할 만한 충분한 자금을 확보할 수 있을 것이오."

장두현이 찬동을 하고 나섰다.

이렇게 의기투합해 동대문은 박승직이, 종로는 김태희가, 남대문은 장두현이 맡아 각자 그 일대에서 장사를 하는 한인 상인들을 주주로 끌어들이기로 했다. 이렇듯 자구책의 하나로 한인으로만 구성된 회사를 설립하게 되었는데, 그것이 바로 광장주식회사廣藏株式會社

다. 이는 한인 상인들로만 구성된 최초의 주식회사로, 이때가 1905년 7월, 을사늑약이 체결되기 3개월 전의 일이었다.

광장주식회사는 예지동 4번지^{현재 동대문시장}에 위치했으며, 설립 자본금은 7만 8000원, 사업 내용은 토지 및 건물의 임대·창고업·금전 대부 등이었다. 종로·동대문·남대문 일대의 한인 상인 26명이 결속해 설립한 이 회사는 취체역^{取締役, 주식회사의 이사}으로 박승직과 장두현을 두고, 취체역 사장에는 교육계에서 오랫동안 관직 생활을 해오다가 실업계로 전향한 김한규^{金漢奎}가 선임되었다. 또한 감사는 종로4가에서 주단 포목상인 '최인성상점'을 운영하는 최인성^{崔仁成}과 김태희가 맡게 되었다.

광장주식회사를 설립한 해인 1905년에 박승직은 상계의 동지 수십 명을 규합해 염직회사^{染織會社}도 창립했다. 이 회사는 포목 등속을 직조하는 것 이외에 면포를 염색해 최대한 면포 생산 단가를 낮추는 데 주력했다. 당시 일본에서 값이 싼 면직물이 대거 수입되고 있었기 때문에, 이에 대한 대처 방안으로 염직회사를 운영한 것이었다. 또한 그는 1907년에 수입 면직물, 특히 일본 제품의 국내시장 독점을 막기 위해 무역회사인 공익사^{共益社}를 설립하기도 했다.

한인 상계를 대표하는 박승직의 활동은 이후에도 계속 이어져 1918년 경성포목상조합, 1919년 직물상공제회, 1925년 중앙번영회 등을 설립해 동종 업계의 발전을 도모했다. 뿐만 아니라 1919년 조선경제회와 같은 경제 단체에도 이사로 참여하면서 한인 상계의 권익 옹호에 앞장섰다.

1919년 1월에 박승직은 고종황제 승하 시 경성포목상조합 중심으로 '조선상민봉도단朝鮮商民奉悼團'을 결성해, 이들로 하여금 국장의 여사군輿士軍으로 참여케 했다. 이때 1025명이 참여했는데, 한 명에 평균 100원씩 비용이 들어 총경비가 10만 원이 넘었다. 고종황제의 국장은 두 달 후 '3·1운동'을 촉발시키는 계기가 되기도 했다. 1926년 4월, 순종황제가 승하했을 때도 그는 고종황제 국장 때와 마찬가지로 상민봉도단을 결성했다. 이때는 경제 전반이 불황에 허덕일 때여서 각 상인 단체를 경성포목상조합으로 불러 봉도단 결성에 협조해 줄 것을 부탁했고, 이때 필요 경비는 각 참가 단체가 스스로 부담토록 했다.

'배오개 거상' 박승직은 이처럼 자신의 상점 운영과 더불어 한인 상계를 대표해 외국, 특히 일본 상인들의 시장 점거와 교란을 막고 한인 상권을 보호·확보해 나가는 데 힘을 썼다. 그는 특히 고종·순종 승하 시 두 차례 국장에 상민봉도단을 결성해 참여케 한 일을 스스로도 일생 동안 잊히지 않는 일로 꼽았다.

나라를 위한 봉사는 박승직이 더 이상 '배오개 거상'이 아닌 '한국 최고의 거상'으로 거듭나는 계기가 되었다.

두산의 장수비법 ❺

거상은 상품이 아니라 마음을 파는 사람

박승직은 큰일과 작은 일을 잘 구분했고, 큰일을 할 때는 실질적으로 자신에게 이득을 가져다주는 작은 일에 연연하지 않았다. 아니, 연연할 겨를이 없었다. 그런데도 큰일에 몰두하면, 크게 신경 쓰지 못했던 작은 일 역시 잘되었다. 한인 상계를 대표하는 일을 끊임없이 맡으면서도 그가 운영하는 박승직상점이 잘 돌아갈 수 있었던 이유도 바로 거기 있었다.

박승직은 '신뢰'라는 마음의 상품을 팔았고, 그것이 고객들에게 전해지자 박승직상점의 물건에 대한 믿음이 형성되었다. 따라서 박승직상점에서 취급하는 물품은 질이 좋고 값도 합리적이라는 생각이 고객들 마음속에 새겨져, 그들의 발걸음을 끌어들이는 요인으로 작용한 것이다.

6 박가분, 고객의 기쁨을 먼저 생각하다

이 세상 어떤 일도 자기 자신에게만 기쁨을 주는 것은 아니다. 물론 자기 자신에게 가장 먼저 기쁨이 돌아오겠지만, 자신이 하는 일이 다른 사람에게 기쁨을 줄 때 훨씬 더 큰 환희를 느끼게 되는 것이다.

따라서 장사나 사업은 모두 고객에게 기쁨을 주는 일이다. 스스로 일하면서 즐거움을 느낄 때 그 기쁨은 배가된다. 즐거운 마음으로 장사를 하면 고객도 기뻐하고, 그래서 고객이 많이 찾아오면 매출이 올라 많은 이득을 남기니 기쁨이 더욱 커질 수밖에 없다.

날이 갈수록 박승직상점이 잘된 밑바탕에는 고객의 기쁨을 먼저 생각하는 고객 중심 철학이 깔려 있었다. '박가분朴家粉'이라는 이색적인 상품은 면포를 사러 온 고객에게 사은품으로 주던 것을 제품화하면서 탄생한 것이다. 박승직은 '고객은 우리의 스승'이라는 것을 종업원들에게 각인시켰고, 그러한 정신을 마음속 깊이 아로새겨 기쁜 마음으로 고객들께 증정하던 사은품이 박가분이었다. 이 사은품은 바로 박승직의 아내 정정숙鄭貞淑이 만든 제품이었다. 그는 세 번 결혼을 했다. 1879년 김씨를 첫 아내로 맞았으나 일찍 세상을 떠났다. 1890년에는 노씨와 재혼했는데 역시 일찍 사별하고야 말았다. 세 번째로 그는 1905년 정정숙과 결혼했다. 그로서는 두 아내를 먼저 보낸 후 한 세 번째 결혼이었지만, 아내는 초혼이었고 열아홉이었다. 당시 그는 마흔하나였으므로, 부부간에 무려 스물두 살이나 차이가 지는 셈이었다.

박승직은 아내 정정숙과의 사이에서 딸 영라를 낳았다. 그리고 학수고대하던 아들을 본 것은 경술국치를 당한 1910년이었는데, 그의 나이 마흔여섯 때 두병斗秉을 낳았다. 뒤늦게 얻은 아들이라 두병을 애지중지했다.

어느 날 정정숙은 어린 두병을 업고 집에서 그리 멀지 않은 입정동 박씨 할머니댁으로 놀러간 적이 있었다. 박씨 할머니는 박승직의 먼 친척이기도 해서 자주 그 댁을 찾곤 했는데, 그날 우연히 여성들이 얼굴에 바르는 백분白粉을 보게 되었다.

"새댁, 한번 얼굴에 발라봐. 새댁은 피부가 고우니까 백분도 잘 스며들 거야."

박씨 할머니가 건네는 백분을 받아 얼굴에 발라본 정정숙은 전에 바르던 다른 백분에 비해 매우 부드럽다는 느낌을 받았다.

"느낌이 아주 좋네요. 이거 할머니가 직접 만드시는 거예요?"

"처음에는 내가 바르려고 만든 것인데, 이웃 사람들이 발라보고 좋다고 해서 만들어주다 보니 부업이 되었지."

"할머니 솜씨가 아주 좋으시네요."

정정숙은 감탄하지 않을 수 없었다.

정말로 박씨 할머니는 부업으로 백분을 직접 만들어 예쁘게 포장한 후 방물장수들을 통해 팔고 있었다.

정정숙은 백분을 직접 사용해 본 후 느낌이 너무 좋아, 그것을 상품화해 보면 어떨까 하는 생각을 갖게 되었다. 지금까지 바르던 그 어떤 백분보다 부드러웠던 것이다. 그래서 그녀는 그 자리에서 박씨 할머니에게 백분 만드는 방법을 배웠다. 백분은 조개를 태운 흰 가루에 칡가루·쌀가루·보릿가루 등을 섞어서 만드는 것이었다. 그런데 박씨 할머니는 거기에다 마지막으로 납꽃을 버무려 넣었는데, 그것이 바로 피부에 발랐을 때 부드러운 느낌을 주는 비법이었다. 따라서 납꽃을 만드는 것이 아주 중요한 기술이었다. 박씨 할머니가 가르쳐준 납꽃 비법은 우선 납 조각을 식초로 처리해 밀봉한 뒤 열을 가한다. 그러면 시간이 지남에 따라 점점 작아지면서 겉에 하얀 가루가 돋아나는데, 이를 납꽃이라 했다. 이 납꽃이 들어간 백분에 물을 개어 피부에 바르면 부드럽고 흰 피부가 되기 때문에 당시 여성들에게 매우 인기가 좋았다.

집으로 돌아온 정정숙은 백분에 들어갈 재료들을 구해 직접 만들어보았다. 자신이 화장할 때 직접 사용해 보기도 하고, 종업원과 이웃들에게도 사용을 권했다. 백분을 피부에 발라본 사람들은 모두 좋다고 했다. 신바람이 난 정정숙은 더 많은 재료를 구해 백분을 만들었다. 이번에는 그것을 박승직상점에 포목을 사러 온 여성 고객들에게 한 번 발라보라고 주었다. 그것을 발라본 고객들은 일부러 다시 상점에 들러 백분을 찾았다.

"지금까지 발라본 백분 중에서 가장 좋았어요. 피부도 매우 부드러워지고, 화장이 아주 잘 먹어요."

고객들의 반응은 정정숙에게 새로운 용기를 주었다.

어느 날 정정숙은 남편 박승직에게 자신이 만든 백분을 보여주며 말했다.

"이걸 고객들에게 사은품으로 드리면 어떨까요?"

"그게 뭔 가루요?"

"백분인데, 상점에 포목을 사러 온 여성 고객 몇 명에게 주었더니 반응이 괜찮았어요. 이것을 대량으로 만들어 고객 사은품으로 주면 포목 장사가 아주 잘될 것 같아요."

정정숙은 자신에 차 있었다.

"그걸 만들려면 힘들지 않겠소?"

"별로 힘들 것도 없어요. 고객들은 제품을 살 때 뭐라도 하나 더 주면 아주 좋아하잖아요."

"그럼 어디 한번 해보구려."

정정숙은 남편의 허락을 받고 나서 백분 만드는 재료를 대량으로 구입해 본격적으로 제품을 만들기 시작했다. 포목을 사러 오는 고객들에게만 특별 사은품으로 주는 것이지만, 정정숙은 온갖 정성을 다해 포장을 하고, 박씨가*에서 만든다는 뜻으로 '박가분'이란 상품명도 붙였다.

박가분의 인기는 기대 이상으로 좋았다. 사은품으로 박가분을 주기 시작하면서 포목을 사러 오는 고객이 부쩍 늘어 박승직상점은 날로 번창했다. 이렇게 되자 박승직도 생각이 달라졌다.

"이 박가분을 제대로 만들어 판매해 보면 어떻겠소?"

박승직이 아내에게 말하자, 정정숙은 뛸듯이 기뻐했다.

"좋아요. 사업 자금만 대주시면 제대로 한번 만들어 보겠어요."

그 후 정정숙이 운영하는 박가분 제조본포는 1918년 8월 특허국으로부터 상표등록까지 받아내면서, 가내수공업 단계에 머물고 있던 국내 화장품 업계에서 선도적 위치를 차지하게 되었다. 박가분이 명실공히 한국 최초의 화장품으로 등록된 순간이다.

정정숙이 만든 박가분은 매우 인기가 좋아 전국에서 올라온 방물장수들이 박승직의 집으로 모여들었다. 가내수공업 형태로 시작한 박가분 사업은 하루 1만 갑 이상을 파는 기업 형태로 발전하였다. 가격은 1갑에 50전으로 하루 4000원 이상의 판매고를 올렸다.

당시 박가분이 인기를 끈 또 다른 이유는 바로 포장 방식에 있었다. 다른 제조본포에서 나온 백분은 얇은 골패짝 같은 것으로 두께가 약 3밀리미터, 가로 약 10밀리미터, 세로 약 14밀리미터 정도였다. 그것을 대여섯 개씩 두 줄로 놓고 백지로 싸서 팔았다. 그러나 박가분은 두께가 약 8밀리미터로 훨씬 두꺼웠고, 튼튼하게 포장한 후 예쁜 상자에 담아 팔았다. 또한 상자에는 '박가분'이라는 라벨을 인쇄해 붙여 상품 가치를 높였다.

박가분이 한창 인기를 끌던 1920년대에는 제조본포의 여직공만 30여 명에 달할 정도로 규모가 커졌으며, 1923년부터는 판매 확대를 위해 신문 광고까지 내기 시작해 화제가 되기도 했다. 광고 효과는 대단해서 박가분이 잘 팔릴 때는 하루에 5만 갑 이상이 판매될 정도였다. 당시 백분 제조본포로 장가분張家粉 · 설화분雪花粉 · 앵분櫻粉 등이 있었지만, 박가분의 인기를 따라오지 못했다. 이렇게 박가분의 제조 · 판매로 많은 돈을 벌어들인 정정숙은 경기도 여주와 이천에 있는 토지를 매입했으며, 새로운 집을 사서 종로구 연지동으로 이사했다. 한때 박승직상점이 어려움에 처했을 때는 여주와 이천에 사두었던 토지를 팔아 위기를 모면하기도 했다. 그러나 1920년대 말부터 국내에 유입된 일본의 고급 화장품에 밀려 박가분의 인기는 시들해지기 시작했다. 게다가 그 무렵 재래 화장품의 원료로 사용되던 납 성분이 인체에 안 좋다는 사실이 밝혀지면서 박가분 제조본포는 일대 위기를 맞이했다. 이때 박승직도 화장품을 남용하다가 납 중독에 걸리면 피부가 괴사한다는 사실을 인정하고 일본에서 화장품 업계에 종사하던 기술자 현종식을 초빙해 제작 방식을 바꿨다. 포마드 · 크림 · 로션 등의 제품 개발로 어려움을 극복하려 했으나, 질적인 수준에서 일본 화장품을 따라갈 수 없게 되자 결국 박가분 제조본포는 1930년대 말 폐업하기에 이르렀다.

두산의 장수비법 ❻

고객 중심 철학으로 승부

박승직상점으로 포목을 사러 오는 사람들에게 박가분을 사은품으로 증정하여 고객들의 대환영을 받은 것은, 박승직·정정숙 부부의 고객 사랑 마음이 이루어낸 큰 성과라고 볼 수 있다. 박가분 속에 그러한 주인의 마음이 고스란히 담겨 있었기 때문에 박승직상점은 더욱 활성화될 수 있었던 것이다. 그리고 그런 정성과 노력은 나중에 박가분 제조본포가 화장품 사업으로 확장되는 결과를 가져왔다.

사업은 마음이 움직일 때 이미 시작되는 것이다. 처음 고객을 사랑하는 마음에서 출발한 '박가분'이 화장품 사업으로 발전하리라고는 누구도 예상치 못했다. 그런데 사은품이 상품으로 바뀌어 큰 사업으로 변모했다. 고객 사랑이 큰 보상으로 돌아온 것이라는 사실을 박가분 성공을 통해 되짚어 볼 수 있다.

7

위기는 변화를 요구하는 점등 신호다

경영자의 능력은 기업이 존폐 위기 상황에 처했을 때 어떻게 순발력 있게, 그리고 슬기롭게 극복해 나가느냐에 달려 있다. 기업의 생명은 위기 극복 능력에 따라 연장될 수도 있고, 예상 외로 일찍 고사할 수도 있다.

기업을 생명을 가진 나무에 비유한다면, 그 뿌리가 튼튼해야 장수할 수 있다. 나무는 뿌리를 통해 땅속의 물과 양분을 흡수, 몸통과 줄기에 그것들을 공급해 주는데, 만약 그 물의 유통 경로인 물관부가 제거되면 곧바로 고사하고 만다. 그러나 나무는 스스로 위기를 극복하는 능력 또한 갖고 있다. 외부 자극으로 표피에 상처를 입으면 생명력 강한 나무는 모든 힘을 그곳으로 집중시켜 물과 양분을 공급해 주기 때문에 비대생장肥大生長이 일어나 더욱 단단한 나무로 자라난다.

하지만 위기가 닥쳤을 때 고사하는 나무는 뿌리가 튼튼하지 못하기에 외부 자극에 쉽게 상처를 입는다. 때문에 표피에 제대로 물과 양분을 공급할 능력이 없다. 결국 뿌리가 튼튼해야 상처를 치유하는 데 총력을 기울일 수 있는 것이다.

기업의 위기 역시 마찬가지다. 위기는 한때의 고통을 통해 스스로 극복하는 힘을 길러주기 위해 있다. 위기가 닥쳐왔을 때야말로 그 기업은 앞으로 크게 성장할 수 있는 절호의 기회임을 깨닫고 순발력 있게 대처해 나가야 한다. 이때 나무의 뿌리에 해당하는, 즉 기업의 바탕이 되는 자본과 기술, 그리고 경영 시스템이 완벽해야 위기를 슬기롭게 극복할 수 있다.

설립 이후 잘나가던 박승직상점도 위기에 봉착했다. 내부적인 원인에 의한 위기라면 철저한 관리를 통해 극복할 수 있는 일이었지만, 제1차 세계대전의 종식과 함께 몰아닥친 경제 불황은 전쟁 당사국들뿐만 아니라 전 세계로 파급되어 각 나라는 심각한 후유증을 겪게 되었다. 면직물을 취급하던 박승직상점도 매출이 뚝 떨어져 경영 부진을 면치 못했다.

동대문과 종로의 포목상들이 줄줄이 파산하는 지경에까지 이르자, 이러한 불황을 타개하기 위해 1920년 당시 경성포목상조합장이었던 박승직은 각 은행에 진정서를 보내 긴축재정정책을 완화해 줄 것을 호소했다. 그러나 은행들도 어렵기는 마찬가지여서 그러한 호소를 들어주기엔 쉽지 않은 상태였고, 따라서 포목상계의 불황은 날이 갈수록 악화되었다.

　박승직상점 역시 채무가 계속 늘어나 1920년 4월에 박승직 개인 소유의 토지를 매각해 2만 7000원을 변제하지 않을 수 없었다. 그러나 불황이 워낙 깊었기 때문에 경영 위기는 좀처럼 극복되지 않았으며, 부채 규모는 눈덩이처럼 늘어나 공익사共益社로부터 차입한 금액만 4만 6000원에 달할 정도였다. 당시 이 금액은 박승직상점을 정리할 수밖에 없는 막대한 부채였다.

　공익사는 1907년에 박승직의 주도하에 수입 면직물, 특히 일본 제품의 국내시장 독점을 막기 위해 설립한 무역회사였다. 경술국치를 당한 1910년에는 일본의 종합상사인 이토추상사와의 합작을 꾀해 위기를 기회로 만드는 과감한 경영 전략을 펼쳐나갔다. 그 결과 공익사는 한인 포목상계의 유력자들을 적극 참여시키면서 꾸준한 사세 확장과 자금 조달을 펼쳐나갔다.

　제1차 세계대전 이후 경제 불황을 겪으면서 박승직은 자신이 운영하는 박승직상점을 살리기 위해 공익사로부터 많은 돈을 빌렸는데, 이제는 그 부채를 감당할 여력조차 없어지고 만 것이다.

　이때 박승직은 과감하게 박승직상점의 자산을 정리, 주식회사로의 개편을 단행키로 했다. 욕심 같아서는 끝까지 버텨 자신의 사업 기반이 된 박승직상점을 언제까지나 개인 소유로 하고 싶었다. 그러나 그는 욕심을 버리기로 했다. 주식회사로 전환하더라도 박승직상점의 상호를 그대로 보존해 나가는 것이 무엇보다 중요하다고 생각했기 때문이다.

박승직상점을 정리한 결과 자산 평가액 1만 5000원이 나왔다. 여기에 공익사 차입금 4만 6000여 원 중 1000원을 감액한 금액을 보태 총 자본금 6만 원으로, 1925년 2월 9일 주식회사 개편을 단행했다. 이에 따라 1주당 가격은 50원으로 총 1200주의 주식을 발행했다.

주식회사로 개편하면서 경영진도 새롭게 구성했는데, 취체역은 박승직 사장 측에서 3명, 공익사 측에서 1명이 맡았다. 그리고 감사역은 박승직 사장 측과 공익사 측에서 각기 1명씩 선정했다.

이렇게 주식회사로 전환하고 나서 새로 태어났다는 이미지를 구축하기 위해 달력을 제작·배포했으며, 본격적으로 신문에 광고도 게재하는 등 적극적인 홍보 전략을 구사해 나갔다.

'위기일수록 공격 경영으로 탈출구를 찾아야 한다.'

박승직은 마음속으로 외쳤다. 특히 그는 사마천의 《사기》에 나오는 항우의 전술·전략을 좋아했다. 항우는 날쌔고 용맹한 기병으로 적의 정중앙을 쐐기처럼 뚫고 나갔다. 이때 정중앙을 뚫린 적의 대군이 양편으로 갈라졌으며, 항우의 기병은 두 패로 나뉘어 중앙이 갈라져 우왕좌왕하는 적을 크게 무찔렀다. 이처럼 항우는 적은 병력을 가지고도 배 이상 되는 적을 조금도 무서워하지 않았다.

바로 항우가 전술·전략으로 쓴 쐐기전법이 공격 경영인 것이다. 박승직은 위기를 공격 경영으로 극복하겠다는 의지를 다지면서 주식회사로 전환한 이후 회사 체제를 쇄신하기 위해 전력을 다했다. 대외적으로 파격적인 홍보 전략을 구사했으며, 대내적으로는 회계 처리 부문에서 획기적인 개편을 단행했다. 이전에는 그저 장부책 하나로 회계를 대신했으나, 주식회사로 전환한 이후에는 회계 장부를 체계화해 연말 결산 때 주주들로 하여금 순이익·매출 총액·매출 채권·매입 채무·차입금·상품 재고·예금액 등을 한눈에 알아볼 수 있도록 한 것이다.

이렇게 운영한 덕분에 주식회사 출범 후 제1기와 제2기 결산에서 연이어 큰 폭의 순이익을 달성했다. 특히 제2기 결산 시에는 월급의 50퍼센트에 해당하는 금액을 상여금으로 지급하는 등 큰 성과를 올렸다.

박승직상점은 주식회사로 전환하면서 초반부터 매우 큰 성공을 거두었다. 그러나 다시 큰 불황이 닥쳐왔다. 1929년 미국 뉴욕에서 발생한 증시 대폭락은 세계적인 공황을 불러왔다. 주식회사 박승직상점도 큰 타격을 받았다. 당시 일본은 식민지 정책에 따라 동양척식회사를 세워 우리나라 농민들의 땅을 반강제로 착취해 소작농으로 전락시키는 한편, 미곡 증산 정책을 실시해 한반도에서 생산된 쌀의 40퍼센트를 일본으로 반출해 갔다. 그런데 이와 같은 지나친 미곡 생산이 오히려 일본 경제에 악영향을 끼쳤다.

세계적으로 대공황이 불어닥친 직후인 1930년 가을, 일본은 물론 우리나라와 대만까지 대풍이 들었다. 일본은 대풍으로 쌀 가격이 폭락하자, 수확한 쌀을 바다에 던져버리면서까지 폭락 사태를 막아보려 했다. 그 영향으로 우리나라의 쌀값도 절반 가까이 폭락했고, 결국 그 부담은 소작료 인상으로 이어졌다. 일본인에게 땅을 빼앗긴 것도 억울한데, 소작료를 더 많이 물게 된 농민들은 졸지에 걸인이나 유랑민으로 전락하고 말았다.

이런 상황이니 면포업계까지 그 파급효과가 미쳐, 불황은 불가피한 현실이 되어 버렸다. 그도 그럴 것이 면포의 원료 생산 토대이자 주요 소비지인 농촌의 피폐로 면포 매출이 크게 줄어들어 대부분의 면포상들이 폐업 위기에 내몰린 것이다.

박승직상점도 1930년에 매출이 뚝 떨어져 최악의 경영 실적을 기록했다. 직원들에게 지급하던 상여금도 동결되었고, 주주들에게도 일단 배당을 보류하는 사태가 발생했다. 그 무렵에 이르러 경성방직주식회사와 조선방직주식회사가 설립되어 국내산 면직물을 대량으로 생산했다. 박승직상점은 그동안 영국과 일본 등에서 대량 생산되는 면직물을 수입해 판매하고 있었는데, 이때를 기해 전격적으로 국산 면직물을 취급하고 수입 면포는 점차 줄여나갔다. 수입 면포는 현물 인도 기간이 길어 그만큼 위험 부담이 컸는데, 두 공장에서 수입 면포보다 질이 떨어지지 않는 국산 면직물이 대량으로 생산되면서 면포업계도 새로운 활로를 찾을 수 있었다. 더구나 당시에는 국산품장려운동이 확산되던 추세여서, 이에 적극 호응한 박승직상점의 이미지는 점차 호전되었다.

박승직상점은 1930년 최대 적자 위기를 극복하고, 1931년에는 전년도 적자를 만회하고도 남을 만큼 순수익을 달성했으며, 1932년에는 전년도의 두 배가 넘는 순수익을 올려 불황 위기를 탈출할 수 있었다.

두산의 장수비법 ❼

위기를 기회로 만드는 과감한 경영 전략

박승직상점이 존폐 위기에서 살아날 수 있었던 것은 시의적절할 때 주식회사로 전환하는 전략을 구사한 덕분이다. 이는 박승직의 사업 감각과 의지 없이는 결단하기 어려운 사안이었다. 또한 그동안 박승직상점이 고객들에게 쌓아온 좋은 이미지도 한몫을 단단히 했다.

위기는 사람들로 하여금 전의를 상실케 한다. 한 치 앞을 내다볼 수 없는 막막한 현실 앞에서 대부분 사람들은 주저앉고 만다. 위기에 홀려 눈이 잠시 머는 것이다.

그러나 성공하는 사람들은 위기야말로 절호의 찬스라고 생각한다. 정말로 포기하고 싶을 때 성공이 가장 가까이에 근접해 있다는 것을 그들은 이미 알고 있는 것이다. 한 발짝만 더 내딛으면 성공의 문이 열리는데, 실패하는 대부분의 사람들은 그 앞에서 절망하고 주저앉는다.

박승직은 다른 포목상들이 불황으로 폐점될 때 포기하지 않고 한발 더 나아가 주식회사로 전환하는 결단을 내렸다. 그리고 그것을 발판으로 다시 일어섰다. 끊임없이 이어지는 불황의 어두운 터널을 달려 그는 마침내 환하게 하늘을 드러내는 호황의 입구를 찾아낸 것이다.

2 발전

2세대 경영과 전문경영인 시대
박두병·정수창

박두병은 동양맥주를 기반으로 해 각종 사업을 잘 키워나갔다. 건설·기계·음료·무역·유리병 등의 부대사업은 바로 '동양맥주'라는 큰 나무의 가지들로 각자 튼실하고 알찬 열매들을 맺었다. 동양맥주라는 토양은 튼튼하고 기름졌으며, 여기에 뿌리를 내리고 길어 올린 물과 양분들이 각기 '부대사업'이라는 나뭇가지를 타고 올라가 꿈의 결실을 맺을 수 있었던 것이다.

8

진정한 성공은 불가능을
가능케 하는 것이다

성공한 기업가는 이 세상에 불가능한 일이란 없다고 생각한다. 불가능은 처음부터 가능성을 닫아놓은 채 행동을 하지 않는, 부정적인 사고를 가진 사람들에게나 해당하는 말이다.

늘 긍정적인 사고를 가지고 있는 사람들은 어떤 상황에 봉착해 처음에는 막막하고 이룰 수 없는 일처럼 느껴질 때도 우선 그것을 해결할 방안부터 궁리(窮理)한다. 즉 '궁즉통(窮則通)'이라는 말을 행동으로 보여줌으로써 그것을 증명하려 한다. 그렇게 궁리를 하다 보면 뭔가 새로운 길이 보인다. 처음에 불가능할 것 같았던 일이 가능한 확신으로 바뀌면서, 다가올 미래에 그것을 달성할 때의 모습이 확연하게 떠오르는 것이다.

박승직은 사업을 하면서 궁즉통의 원리를 신봉했으며, 눈앞에

닥친 어려운 일도 최선을 다해 노력하면 언젠가는 이루어진다는 것을 숱하게 경험했다. 그는 다른 사람이 포목상 폐업을 선언할 때도 포기하지 않고 밀고 나갔다. 그러자 폐업한 사람들이 개척해 놓은 시장까지 모두 차지해 오히려 전보다 더 잘되는 경우를 체험으로 이미 터득한 것이다. 그래서 그는 절대로 포기하지 않는, 아니 어떤 상황 앞에서도 포기할 줄 모르는 사람이 되었다.

자녀 교육을 시킬 때도 박승직은 직접 생활 속 실천을 통해 근검절약을 배우게 했고, 불가능을 가능케 만드는 승부 근성을 길러 주려 노력했다. 생활이 넉넉할 때도 잡곡 혼식을 엄격히 지키도록 했으며, 상점에 비단이 그득했지만 무명옷을 즐겨 입었다. 가족들에게도 그것을 철칙으로 지키도록 했다.

어느 날 박승직은 집 안에 크기별로 빈 통을 준비해 놓고 자녀들에게 땅에 떨어진 못을 주워 종류별로 넣어보라고 했다. 이를 통해 땅에 버려진 것도 주워 모으면 돈이 된다는 것을 가르쳤다.

또 자녀들을 앉혀놓고 다음과 같은 옛날이야기를 들려주기도 했다.

옛날에 자식들을 시집·장가보내 사돈을 맺은 두 집안이 있었다. 그중 한 집안은 나날이 재산이 불어나 생활이 윤택해졌으나, 다른 집안은 이때나 저때나 여전히 가난을 면치 못하고 있었다.
어느 날 가난한 집 사돈이 부자 사돈에게 와서 말했다.

"어찌하면 사돈 양반처럼 부자가 될 수 있겠소? 부자가 되는 비결을 좀 가르쳐주시지요."

"허허, 비결이랄 게 뭐 있겠습니까? 굳이 부자가 되는 비결을 알고 싶으시다면 방법이 하나 있긴 있습니다."

부자 사돈의 말에 가난한 사돈은 귀가 솔깃했다.

"그 방법이 대체 뭡니까?"

"집에 돌아가셔서 가족들을 모아놓고 이렇게 한번 말해 보세요."

"어떻게요?"

"외양간에 있는 소를 지붕 위에 올려놓으라고 말입니다."

부자 사돈은 그러면서 빙그레 웃었다.

가난한 사돈은 어찌 그것이 부자가 되는 비결일까 싶었지만, 그래도 부자 사돈의 말이니 믿기로 하고 서둘러 집으로 돌아와 가족들에게 그렇게 말했다.

"세상에 소를 어떻게 지붕에 올려요?"

자식들은 말도 안 되는 소리라며 아버지의 말을 처음부터 무시하고 듣지 않았다.

"영감이 망령이 난 모양이구려. 어찌 되지도 않을 소릴 자식들에게 하고 그래요?"

부인조차도 입을 삐쭉이며 돌아앉아버렸다.

괜히 부자 사돈의 말을 들었다 식구들에게 낭패를 본 가난한 사돈은 슬그머니 화가 났다.

'부자 사돈이 나를 놀리려고 그러는 것인가?'

가난한 사돈은 속으로 그렇게 생각하며 단단히 따져보기 위해 다시 부자 사돈을 찾아갔다.

"사돈 영감 말대로 했다가 식구들한테 무시만 당했소이다 그려!"

가난한 사돈의 말에 부자 사돈은 빙그레 웃으며 말했다.

"그렇다면 내가 허언을 한 것인지 사돈께서 직접 눈으로 확인하시지요."

부자 사돈은 곧 마당으로 가족들을 모두 나오게 했다. 자식들과 부인이 황급히 달려 나와 마당에 모여 섰다.

"아버님, 무슨 일이 있으신지요?"

큰아들이 조심스럽게 물었다.

"그래, 지금 당장 저 외양간에 매여 있는 제일 큰 황소를 지붕 위에 올려놓아야겠구나."

"알겠습니다, 아버님!"

큰아들은 곧바로 동생들과 의견을 교환했다. 궁리를 하면 뭔가 방법이 나오게 마련이었다.

큰아들은 외양간으로 달려가 제일 큰 황소를 끌어냈고, 동생들은 울 밖에 쌓아둔 짚가리를 헐어 외양간 지붕 추녀 끝에 쌓기 시작했다. 마당에서부터 짚단을 비스듬하게 지붕까지 닿도록 쌓은 후 나무판자를 그 위에 얹어 단단하게 고정시켰다. 그리고 그 위에 다시 멍석을 깔자 마당에서 지붕까지 비탈길이 하나 생겼고, 큰아들은 황소를 끌고 지붕 위로 올라갔다.

이 광경을 지켜보던 가난한 사돈은 무릎을 치며 탄복했다.

"바로 이거였구나! 내가 왜 진작 이런 방법을 깨닫지 못했을까?"

박승직은 이 이야기를 들려준 후 자식들을 둘러보며 말했다.

"이 세상에 불가능한 일이란 없다. 사람이 하고자 마음먹으면 하지 못할 일이 어디 있겠느냐? 무슨 일을 할 때는 안 된다는 생각부터 먹지 말고, 어떻게 하면 잘해낼 수 있을까 궁리하는 것이 중요하단다."

박승직은 자녀들 중에서도 특히 늦둥이로 얻은 아들 박두병에게 이러한 가르침을 전수했다.

세 번의 결혼으로 전실 자식까지 위로 딸만 여섯 명을 둔 박승직은 나이 마흔 중반이 되어서야 어렵게 아들 두병을 낳았다. 그 뒤로 아들 둘이 더 태어났다.

박승직은 그런 아들 두병에게 사업을 물려주기 위해 어려서부터 철저한 교육을 시켰다. 두병이 경성중학교를 졸업하자 곧바로 경성고등상업학교에 보낸 것도 아들을 기업가로 키우기 위해 계획한 전략이었다.

박승직은 아들 박두병이 경성고등상업학교 졸업반이던 1931년에 당시 서린동에서 저포전苧布廛을 경영하던 명태순明泰淳의 딸 계춘桂春

과 결혼시켰다.

경성고등상업학교를 졸업한 박두병은 졸업과 동시에 조선은행에 취직했고, 그 후 4년 만인 1936년 봄에 은행을 그만두고 박승직상점에 입사해 부친에게 본격적인 경영 수업을 받기 시작했다. 스물둘이 되던 해, 그는 박승직상점 취체역 상무가 되었다.

두산의 장수비법 ❽

'궁즉통'의 마인드로 놀라운 지혜 발휘

박승직이 박두병을 포함한 어린 자녀들에게 들려준 옛날이야기는 시사하는 바가 크다. 황소를 지붕 위로 올리는 일은 그저 이야기에 불과할 뿐이지만, 그 안에 담긴 지혜는 놀라운 것이 아닐 수 없다. 불가능을 가능케 하는 의지, 일사불란한 행동을 통해 보여주는 단결력 등이 그 이야기 속의 숨은 진주인 것이다. 진주는 흙 속에 묻혀 있다. 그것이 발견되기 전까지는 진주라 하더라도 그 가치를 제대로 발휘할 수 없다. 누군가 눈 밝은 사람이 발견해야만 비로소 진주는 본래의 아름다운 빛을 뿜어내기 시작한다. 불가능을 가능케 하는 힘, 그것은 누구나의 마음속에 있다. 마음속에 숨어 있는 진주를 누가 끄집어내느냐가 관건이다. 긍정적인 생각을 하는 사람은 바로 그 마음속에 숨어 있는 진주를 발견해 갈고닦아 진정한 성공을 획득할 수 있는 것이다.

9 수요·공급을 정확하게 예측할 수 있는 정보를 확보하라

거래 규모가 커지면 정보의 예측이 무엇보다 중요해진다. 단 한 번이라도 잘못된 정보로 물건을 매입할 경우 큰 손해를 볼 수도 있기 때문이다.

정보는 곧 돈이다. 장사를 하려면 정확한 정보가 있어야 마케팅 전략을 세울 수 있다. 정보가 있어야 분석도 가능하고, 명확한 분석에 의해 수립된 전략만이 유효하기 때문이다. 따라서 시장경제에서는 수요와 공급을 정확하게 예측할 수 있는 정보를 빠르게 입수할 방안을 반드시 강구해야 한다.

박두병은 박승직상점의 상무로 입사하고 나서 이제는 일개 포목점 수준의 점포가 아니라 기업의 면모를 갖추어야 한다고 생각했다. 명색이 상무지만 당시 부친 박승직이 일흔 가까운 나이가 되었으므로 실질적인 경영자 역할을 수행해야만 했다.

사실상 박승직이 아들 박두병을 경성고등상업학교에 보내고 졸업 후 곧바로 직업 전선에 뛰어들게 한 것도 자신의 나이가 더 들기 전에 박승직상점의 경영권을 넘겨주기 위해서였다. 그래서 조선은행에 다닌 지 4년 만에 사표를 내게 하고 박승직상점의 취체역 상무 자리에 앉힌 것이다.

박두병은 우선 박승직상점을 도매부와 소매부로 나누어 운영키로 했다. 그리고 도매부에는 20여 명, 소매부에는 10여 명의 직원을 두었는데, 이렇게 부를 나눈 것은 직원들이 더욱 전문성을 갖추게 하기 위해서였다. 경영 쇄신은 무엇보다도 직원들의 체질 강화를 통해 질적 변모가 이루어져야 가능하다는 것이 박두병의 생각이었다. 그래서 출근부를 만들고 시간 관념을 철저히 갖도록 해 고객들과의 신용을 지켜나갔다. 시간 엄수는 곧 고객에 대한 신뢰임을 강조한 것이다. 뿐만 아니라 직원들의 근무 의욕을 높이기 위해 공정한 업적 평가에 따라 상여금을 차등 지급하는 제도를 마련했다. 이에 따라 능력 있는 직원들은 좋은 평가를 받아 더 많은 상여금을 받을 수 있었다. 인사에서도 적성에 따라 부서 배치를 함으로써 일의 효율을 높이는 데 주력했다.

박두병은 부친 박승직의 경영 이념인 '인화 정신'을 되살려 직원들의 복리 후생에도 남다른 관심을 기울였다. 직원들 상호 간의 친목 도모를 위해 전 직원 야유회를 실시했으며, 야구부·탁구부 등 운동부를 두어 직물상 간 경기를 개최하기도 했다. 이처럼 박두병은 안으로 직원들의 사기를 진작해 즐겁게 일할 수 있는 참신한 풍토를 마련하는 한편, 밖으로는 정보 수집에 심혈을 기울였다.

박승직이 상점 개설 당시 전국의 보부상과 상공 조직을 통해 국내외 재계 동향을 살폈다면, 그 아들 박두병은 눈을 세계로 확대해 미국 등지의 제품 가격 변화를 분석하고 그에 따라 면포의 구입과 판매의 적기를 맞추었다. 점포가 커지면서 면직물의 대량 구입이 일반화되었고 정확한 정보에 따라 면포를 구입하지 않으면 자칫 큰 손해를 볼 수도 있었기 때문이다.

직거래하는 상단들을 통해, 신문의 경제 기사, 그리고 전화로 현지 상황을 직접 챙기는 등 동원할 수 있는 다양한 루트를 최대한 활용해서 정보를 수집했다. 그런데 여기서 가장 문제가 되는 것은 정보의 신빙성을 판단하는 능력이었다. 박두병은 그런 점에서 명석한 두뇌를 가지고 있었다. 샘물을 파면 물이 고이듯이, 안테나를 세우고 있으면 어떤 정보든 걸려들게 되어 있었다. 그는 경제 정보에 항상 목말라하고 있었기 때문에 그의 귀로 들어오는 정보는 샘물처럼 늘 신선한 것이었다. 그리고 그동안 모아둔 많은 정보들을 통해 철저한 검증을 거쳤다. 세계시장의 흐름을 파악하고 있으면, 아무리 새로운 정보라 하더라도 그 범위에서 크게 벗어나지 않는다는 사실을 깨닫고 있었던 것이다.

당시 동대문에서는 박승직상점과 인창상회가 쌍벽을 이루는 대표적인 포목점이었다. 박승직상점은 주로 중상계층의 고객이, 인창상회는 대중적인 고객이 찾았다.

박두병은 이러한 점을 고려해 포목점 분위기를 고급스럽게 바꾸기로 했다. 가운데 출입문을 두고 거리를 향한 양편의 쇼윈도에는 화려하고 산뜻한 주단, 모시 등속의 옷감을 배열했다. 그리고 곱게 한복을 입힌 마네킹도 세워놓았다. 포목점 안으로 들어서면 역시 한복을 곱게 차려입은 소매부 점원들이 공손한 인사와 함께 친절하게 안내했다. 상점 안이 너무 청결해 반들거리는 바닥을 보고 처음 들어서는 시골 고객들이 종종 신발을 벗고 들어서는 일도 있었을 정도였다.

이렇게 1층엔 직접 찾아오는 고객을 상대로 하는 소매부가 있었고, 2층은 도매부로 전화나 우편에 의한 주문 방식으로 판매했다. 서울에서는 주로 박승직상점 전화번호인 '광화문 5번'으로, 지방에서는 우편으로 주문을 받았다. 그리고 서울의 주문량은 직접 배달하고, 지방의 주문량은 화물 트럭을 이용해 탁송했다.

1930년대 당시 서울 포목상계는 일본과 중국의 면포 판매를 중개하는 역할을 맡았다. 만주·중국 등으로 일본산 면포를 수출하는 중심지 역할을 했는데, 그러다 보니 일본 유력 도매상들이 국내 도매상과 손을 잡지 않을 수 없었다. 박승직상점은 주요 거래 지역인 경기도·강원도를 필두로 철도 및 도로가 연결되는 요지에 자리 잡은 180여 개의 지방 포목점과 거래를 했다. 그리고 중국 만주 일대의 면직물 수요가 급증하면서 멀리 함경북도 경원과 평안북도 중강진을 건너 만주로 수출길을 열었고, 황해를 건너 요동반도의 대련에 이르기까지 다각화된 거래선을 확장해 놓고 있었다. 그런 데다 국내 면포 소비가 증가하고 생산 또한 늘어나 면포 시장의 최대 호황기를 맞으면서 매출액이 크게 신장되었다.

이에 따라 1938년 박승직상점은 자본금을 6만 원에서 18만 원으로 증액하고, 순수익도 4만 2000원을 남겼다. 이어서 1939년에는 당기순이익이 무려 23만 7000원에 달했으며, 그해 말 그동안 쌓였던 공익사에 대한 채무를 완전 변제했다.

두산의 장수비법 ⑨

발빠른 정보력과 시장의 흐름을 읽는 기민함

국내에서 해외로 시장이 확대되면서 시장에 관한 정보가 중요해졌다. 젊은 경영자 박두병은 이러한 사실을 일찍부터 감지하고 면포의 수입량과 수출량을 적절하게 조절하면서 사고파는 최적기를 정확하게 포착했다. 정보는 시간을 다투는 일이자 곧 돈과 직결되는 것이라는 걸 일찍부터 꿰뚫은 것이다.

장사의 묘미는 우선 좋은 물건을 싸게 사서 좋은 값에 파는 것이다. 좋은 물건을 싸게 사려면 정확한 정보를 누구보다 빨리 알아야 하며, 그것을 좋은 값에 팔기 위해서는 감각적으로 고객의 수요를 예측할 수 있어야 한다. 사고파는 시기를 잘 맞추는 것이 수익을 많이 남길 수 있는 관건이기 때문이다.

10 한 말 두 말 차근차근 쌓아 올리면 큰 산이 된다

 옛 속담에 '천 리 길도 한 걸음부터'라는 말이 있다. 성경에도 '시작은 미미하나 끝은 창대하리라'는 구절이 나온다. 이러한 말 속에 내재된 숨은 뜻이 무엇인지 음미해 볼 필요가 있다.

 누구나 어떤 일을 도모할 때 '시작'을 한다. 그런데 그 시작에는 두 가지 의미가 담겨 있다. 하나는 어떤 구체적인 계획이나 목표 없이 시작부터 하고 보는 것이다. 이런 경우 백전백패한다. 그러나 시작할 때부터 철저한 계획과 거대한 목표를 세우고 있으면 언젠가는 성공의 길에 이르게 된다.

 처음 사업을 하기로 마음먹었을 때 개인적인 욕심에서 시작한 사람은 성공하기 어렵다. 일시적으로 돈을 많이 벌어들일 수는 있으나, 나중에 그 무게에 눌려 스스로 무너지기 때문이다. 사업은 자기 혼자서 하는 일이 아니다. 여러 사람과 더불어 서로 돕지 않으면 번창할 수 없다. 여러 사람이 다 같이 잘살 수 있는 길이 사업인데, 그것을 이루고자 하는 것을 '야망'이라 부른다.

따라서 개인적 욕심과 야망은 엄격히 다르다. 야망을 가진 사람이 성공할 수 있는 이유는 사업에 대한 책임감 때문이다. 개인적 욕심으로 사업을 시작한 사람은 위기가 닥쳤을 때 자기 혼자만 망하면 된다는 생각으로 금방 좌절해 주저앉고 만다. 야망을 가진 사업가는 자신이 주저앉으면 그동안 회사 안팎에서 자신을 도와준 많은 사람들까지 망하게 되므로, 그 책임감 때문에라도 절대 포기하지 않고 사업을 이끌어 마침내 성공하게 되는 것이다.

박승직상점이 아들 박두병 시대에 와서 두산상회로 상호 변경을 하면서 거듭날 수 있었던 것은, 부친 박승직의 창업 이념인 '인화'라는 불씨를 되살린 덕분이다.

호사다마好事多魔라는 말이 있듯이, 박승직상점은 1938년 창업 이래 최고의 수익을 올렸지만 바로 그해 말 일본이 태평양전쟁을 일으키면서 곧바로 위기에 봉착했다. 일본은 전쟁 비용을 충당하기 위해 군수 산업을 활성화한 반면 민수 산업은 통제를 했다. 그중에서도 섬유 산업은 가장 먼저 수출입 통제를 받게 되어, 생산과 무역이 크게 위축될 수밖에 없었다. 면포·마포·인견·견포 등의 공급 물량이 줄어든 반면 수요는 크게 늘어나 면직물 가격이 곧바로 폭등했다.

이렇게 되자 일제는 공급과 수요의 불균형을 조절하기 위해

1938년 10월 '물품판매가격취체규칙'을 발동, 면사와 면직물의 공정가격제도를 실시했다. 그러나 이렇게 제도적으로 강제한다고 공급이 부족한 마당에 공정가격제도가 제대로 지켜질 리 만무했고, 실물시장에서는 면포 가격이 계속해서 폭등했다.

공정가격제도가 유명무실해지자 마침내 조선총독부는 1940년 2월, 면직물에 대한 새로운 공정 가격을 발표했다. 그리고 그로부터 1년 뒤인 1941년 7월에는 종래의 면직물 통제 대상을 7종에서 20종으로 확대하기에 이르렀다. 뿐만 아니라 소매상까지만 사용하던 전표제를 일반 소비자까지 사용토록 했다. 즉 일반 소비자들이 할당된 전표를 가지고 저고리 2마, 치마 3마 반 단위로 상점에서 구입해야 하는 제도를 실행한 것이다.

이렇게 면직물 거래를 규제하자, 결국 박승직상점은 도매부뿐만 아니라 소매부도 매출이 크게 줄어 종업원 수를 총 15명 내외로 대폭 줄일 수밖에 없었다. 같이 일하던 종업원을 반 이상 내보낸다는 것은 뼈를 깎는 아픔을 동반하는 일이었지만, 구조 조정은 상점을 살리기 위한 어쩔 수 없는 고육지책이었다.

박승직상점 설립 이래 최대의 위기였다. 아무리 경영의 귀재라 하더라도 그 능력과 수완을 발휘할 수 없도록 일제가 손과 발을 제도적으로 묶어놓은 마당이니 움치다가 뛸 수조차 없었다. 그래서 박승직의 시름은 깊어만 갔다. 젊은 혈기를 가진 아들 박두병도 이때만큼은 경영의 묘수를 찾기가 어려웠다.

"대체 이 사태를 어찌하면 좋겠나?"

박승직이 아들에게 물었다.

"일제가 전쟁을 끝까지 고수하는 한 해결 방법이 보이지 않습니다. 이는 비단 포목상만의 문제가 아니지 않습니까? 모든 분야가 다 절망 상태이니, 이대로 가다가는 정말 큰일입니다."

박두병은 그러면서 부친의 눈치를 살폈다.

"네 생각도 그렇구나. 한 가지 길이 있다면 일본이 패망하는 날을 기다리는 것밖에 없겠구나. 비싼 가격을 치르면서 큰 공부를 한다고 생각하자. 욕망에 사로잡힌 일제의 앞날이 어찌될 것인지는 뻔하다. 욕망은 자기 구덩이를 파는 일이고, 야망은 한 되 두 되 곡물을 쌓아 나중에 그것으로 큰 산을 만드는 일이다. 그래서 네 이름이 말 두斗 자, 잡을 병秉 자, 두병斗秉이 아니더냐?"

이처럼 박승직은 아들의 이름을 거론하며 다시금 자신이 생각하고 있는 경영의 큰 의미를 되새기고자 했다.

"그렇지만 지금은 아무리 일어서려고 노력해도 일어설 수가 없습니다. 거북처럼 엎드려서 때를 기다릴 수밖에 없을 것 같습니다."

아들의 말에 박승직이 마침내 결심하고 있던 바를 털어놓았다.

"그래서 내가 네 의견을 듣고자 한 것이다. 아무리 어렵다 하더라도 우리 상점의 간판을 내릴 수는 없다. 내 꿈은 우리 사업을 100년 이상 끌어가야 한다는 것이야. 너는 그것을 명심해야 하느니라. 그 100년을 이끌어가는 힘은 바로 '인화'니라. 평생토록 그 깊은 뜻을 잊어서는 안 된다. 생명은 들숨과 날숨의 법칙이 있어서 한시도 끊어지면 안 되므로, 다른 포목점들이 너도나도 문을 닫는 형편이지만 우리는 그럴 수 없다. 도매부는 없애되 소매부로 그 명목을 유지 토록 하자꾸나."

이렇게 해 박승직상점의 도매부는 1943년에 마침내 문을 닫았다. 그리고 박승직상점의 간판을 내걸고 소매부만 겨우 그 명맥을 유지해 나갔다. 소매부 또한 계속 손해를 보는 입장이었지만, 그 명맥을 유지하는 것은 '배오개 거상'으로서 박승직의 자존심이기도 했다.

그리고 1945년 8월 6일과 9일, 일본 히로시마와 나가사키에 원폭이 투하되면서 일본의 패색이 짙어졌다. 이렇게 되자 대일무역까지 중단되어 면포를 찾는 소비자들이 급격히 늘어났다.

이때 박승직은 결단을 내렸다. 창고에 남아 있는 물건을 그대로 보관해 두면 나중에 가격이 올라 막대한 이익을 취할 수 있었지만, 지방에서 급히 면포를 찾는 포목상들에게 배급 상품을 할당해 내려 보냈고, 소매도 공정 가격으로 팔아 모든 면포를 다 처분했다.

이로써 박승직상점은 개업한 지 만 48년 만에 그 이름만 남겨놓은 채 영업 활동을 잠정적으로 중단했다. 그리고 나서 해방을 맞아 곧바로 미군정이 실시되면서 어느 정도 질서가 회복되자, 1946년 들어 영업을 재개했다.

이때 이미 박승직은 너무 노령이라 사업에 나서기 어려운 상태였고, 아들 박두병이 경영 일선에서 모든 업무를 총괄했다. 미 군정청은 1946년 1월부터 면허제로나마 무역을 재개시키기에 이르렀다. 이제는 면포상만으로는 한계가 있다고 느낀 박두병은 세계시장을 상대로 한 무역업에 본격적으로 뛰어들 결심을 하고, 기존 박승직상점을 새로운 상호로 바꾸기로 했다.

박두병은 부친 박승직에게 자신의 뜻을 밝혔다.

"아버님, 무역업이 앞으로 대세인 것 같습니다. 면포상만으로는 세계시장을 상대하기 힘들 것이므로, 일단 무역업과 관련이 깊은 운수업을 시작으로 기반을 닦을 생각입니다."

"좋은 얘기다. 이제 세상도 바뀌었으니 네 시대를 열어가야겠지. 그러기 위해서는 회사의 이름도 그에 걸맞게 바꾸어야겠다."

이때 박승직은 아들의 뜻을 흔쾌히 받아들였으며, 손수 아들의 이름 첫 글자인 말 두斗 자와 뫼 산山 자를 붙여 '두산斗山'이란 새로운 상호를 지었다. 이 상호에는 '한 말 한 말 차근차근 쉬지 않고 쌓아 올려 산같이 큰 기업을 이루라'는, 재화의 축적을 기리는 깊은 뜻이 담겨 있었다.

이렇게 포목점으로 시작한 '박승직상점'의 시대는 가고, 운수업으로 시작한 '두산상회'의 시대가 열렸다. 이름은 바뀌었지만 박승직의 창업 정신은 그대로 이어졌고, '두산'이란 상호는 100년 대업의 기틀을 다지는 역사적 전환점을 이루는 계기가 되었다.

운수업의 시작은 미미할 수밖에 없었다. 당시에는 차가 귀했으므로, 중고 미제 승용차와 일제 트럭 몇 대를 구해 사업을 시작했다. 일단 승용차는 택시로 운용하고, 트럭은 서울 인근 지역에서 장작을 운반해 오는 데 사용했다. 당시 종로구 연지동의 박두병 자택에서 행랑채를 개조해 차고 겸 정비소로 사용했다.

"여보! 남자는 좀 더 큰일에 힘을 기울여야 하니, 당신이 운수회사의 실무를 맡아주시오."

박두병은 아내 명계춘에게 운수 사업의 실무를 맡겼다. 당시 그의 운수 사업은 가업을 이끌어가는 수준에서 생활비를 충당하는 정도에 불과했다. 그래서 박두병은 운수 사업에 연연하지 않고 더욱 큰 거래를 하는 기업으로 키우기 위해 '두산상회'의 이름을 걸고 무역업을 시작할 준비로 불철주야 밖으로 뛰어다니기에 바빴다.

두산의 장수비법 ⑩

여러 사람이 다 같이 잘살 수 있는 야망을 좇아라

박승직이 아들 이름을 '두병'으로 지은 것은 남다른 이유가 있었다. '박승직상점'의 기업 정신을 계속 이어 100년 대계를 이루게 하려는 염원이 그 이름 속에 담겨 있는 것이다. 그리고 이는 '두산'이라는 기업 이름으로 이어졌다.

이 세상 모든 것에는 그에 합당한 이름이 있다. 언어로 된 이름이 어느 한 존재에 주어질 때, 그것을 비로소 존재 가치를 인정받는 사물이 될 수 있다. 시인 김춘수는 〈꽃〉이라는 시에서 "내가 그의 이름을 불러주기 전에는/ 그는 다만/ 하나의 몸짓에 지나지 않았다// 내가 그의 이름을 불러주었을 때/ 그는 나에게로 와서/ 꽃이 되었다"라고 노래했다. 이처럼 이름이라는 그릇은 그것을 담아내는 내용의 존재 가치를 빛내주는 역할을 한다. 박승직이 지은 아들의 이름 '두병'에는 '한 말 두 말 차근차근 쌓아올리면 큰 산이 된다'는 깊은 의미가 깃들어 있다. 이름의 가치는 그만큼 중요하다.

이름 없는 들꽃에 이름을 붙여 '들국화'라고 불렀을 때, 그것은 비로소 맑고 짙푸른 가을 하늘 아래 청초한 아름다움의 존재 가치를 발휘하는 꽃이 된다. 박두병의 이름을 딴 '두산'이란 기업의 명칭이 그 힘을 발휘하는 것은 바로 그 속에 담긴 거대한 야망이 꿈틀거리는 생명력으로 넘쳐흐르기 때문이다.

11

반목은 종말을, 화목은 영원한 발전을 약속한다

기업은 사람들의 집합체이며, 공통의 목적을 갖고 움직이는 활력 넘치는 조직이다. 그러므로 기업은 사람의 힘과 능력에 따라 생존을 거듭할 수 있다. 기업이 흥하고 망하는 것도, 그것을 운영하는 사람들의 영향력에 따라 좌지우지된다. 즉 기업을 움직이는 것은 사람인데, 그 구성원들이 일치단결해 일사불란하게 행동력을 발휘할 때 비로소 하고자 하는 일을 성공으로 이끌 수 있는 것이다. 그러나 사람이란 가지각색이어서 의견도 제각각 다르고, 성격도 천차만별이어서 구성원들 간에 곧잘 반목과 시기가 생겨 기업이 위태로운 지경에 빠질 수 있다.

박두병이 1945년 해방 이후 소화기린맥주 지배인이 되어 본격적으로 경영을 시작했을 때 여러 가지로 매우 큰 어려움을 겪었다.

그도 그럴 것이 일본인들이 경영하던 소화기린맥주는 해방 이후 '일본인 재산 이양에 관한 법령'에 따라 한국인이 경영을 맡게 되었는데, 경영 주체였던 일본인들이 물러가고 나자 인력이나 기술력도 부족하고 자금과 재료도 충분치 못해 여간 애를 먹지 않았다. 더구나 노사 분규와 남북 분단으로 인한 전력난은 공장을 운영하는 데 막대한 차질을 빚게 했다.

소화기린맥주주식회사는 1933년 12월 일본기린맥주주식회사가 국내에 세운 것인데, 이때 박승직과 김연수가 각각 200주를 소유한 한국인 주주로 참여했다. 당시 일본인들이 맥주회사를 세우면서 한국인들을 주주로 참여시킨 것은 회유책의 일환이었으며, 공장이 가동되면 맥주의 판로를 확보해야 하는데 그때 도움을 얻고자 하는 계산까지 깔려 있었다.

그 무렵 박승직상점은 소매부만 운영하고 도매부는 삼목상사주식회사로 개칭해 포목뿐만 아니라 다른 상품들도 취급했다. 그러다가 1942년부터 소화기린맥주의 대리점을 경영하면서 겨우 명맥을 유지해 오고 있었다.

해방 직후인 1945년 8월 말경, 소화기린맥주주식회사 자치위원회 사람들이 서울 종로구 연지동 집으로 박승직을 찾아왔다. 그들은 최인철·방용운·윤현두·이상만 등 한국인 종업원들로 소화기린맥주를 다시 일으켜보자는 뜻을 모아 자치위원회를 결성한 핵심 멤버들이었다.

"소화기린맥주 한국인 주주시니, 이번에 회사 경영을 맡아주시길 부탁드리기 위해 이렇게 찾아왔습니다."

그들 중 대표자 격인 최인철이 말했다. 그는 소화기린맥주 경성지점 영업부에 근무하고 있었다.

"내가 소화기린맥주 주식을 조금 갖고 있는 것은 맞소. 그러나 나는 이미 늙었소."

박승직은 이미 나이 여든 살의 노인이었다.

"어르신이 정 그러하시다면, 아드님이신 박두병 씨를 추대하는 것도 좋습니다."

소화기린맥주 자치위원회 멤버들은 다급했다. 어떻게 해서든 공장을 돌려야만 전부터 근무하던 한국인 종업원들이 먹고살 수 있었기 때문이다. 일단 자체적으로 공장을 가동할 인력은 있었지만, 그들에게는 자금이 없었다. 그래서 자금 여력이 있는 박승직을 찾아온 것이었다.

"소화기린맥주는 적산敵産이 아닙니까? 이 시기에 굳이 내가 나설 이유가 없습니다."

때마침 박승직 옆에 있던 박두병도 거절 의사를 분명하게 밝혔다.

당시 소화기린맥주에 남아 있던 한국인 종업원들은 40명 정도였다. 그들을 대표하는 자치위원회 멤버들도 모두들 나이가 20대에서 30대 초반으로 회사 경영을 맡기에는 너무 젊었다. 더구나 기술직과 사무직이 대부분이어서 경영에는 누구도 자신감이 없었던 것이다.

그러나 박두병은 이미 그때 나이 서른여섯으로, 박승직상점을 경영한 경험 또한 풍부했다. 그래서 소화기린맥주 자치위원회 멤버들은 자신들을 지도할 리더로서 박두병이 적격이라고 판단했으나, 그가 일언지하에 거절을 하자 적이 당황하지 않을 수 없었다.

회사로 돌아온 자치위원회 멤버들은 고심을 거듭했다.

"그래도 박두병 씨밖에 없습니다. 경성고등상업학교 출신에다 조선은행에 근무한 경력이 있고, 박승직상점 경영까지 훌륭하게 해낸 사람입니다. 박승직상점 도매부에선 한때 소화기린맥주 대리점을 운영하기도 했지 않습니까? 소액이지만 엄연한 주주인 데다 경영을 알고 영업 수완도 있는 분이니, 우리 소화기린맥주 관리 지배인으로서 자격이 충분합니다. 다시 그분을 찾아가 설득하는 수밖에 다른 도리가 없습니다."

소화기린맥주 자치위원회 멤버들은 다시 박두병을 찾아갔다. 그들은 그야말로 삼고초려三顧草廬의 마음으로 두 번, 세 번 찾아가 부탁한 뒤에야 박두병으로부터 긍정적인 반응을 얻어냈다.

"일간 내가 한번 회사로 가겠습니다."

박두병으로서도 더 이상 거절할 명분이 서질 않아 소화기린맥주회사를 방문해 직접 눈으로 현장을 살펴보고, 공장에 남아 있는 다른 종업원들로부터 여러 가지 사정들을 들어보기로 한 것이었다.

그로부터 며칠 후 박두병은 당시 구리개현재의 을지로 입구에 있던 소화기린맥주회사 영업부를 방문했다. 그리고 거기서 만난 자치위원회 멤버의 요청으로 영등포에 있는 맥주 공장을 둘러보았다.

공장의 한국인 종업원들은 언제 다시 공장 가동을 하나 노심초사하고 있던 차에 박두병이 나타나자 환호해 마지않았다. 그 눈빛 하나하나를 마주하면서 박두병은 내심 결심을 굳혔다. 종업원들까지 자신을 환대해 줄 것이라고는 생각지도 못한 일이었는데, 그들의 의욕 넘치는 눈빛을 보자 자신감이 생긴 것이었다.

그날 집으로 돌아온 박두병은 차근차근 생각을 정리해 보았다. 해방 직후 미군정이 들어서면서 그들은 전(前) 일본인 재산, 즉 적산을 군정청 보호 아래 두겠다고 선언했다.

'머지않아 미군정이 물러나면 정부가 들어서게 될 것이고, 그렇다면 언젠가는 민간인 경영자가 적산을 관리해야만 한다. 적산은 누군가가 당연히 맡아야 할 것인데, 소화기린맥주는 일찍이 아버님께서 관여했던 회사이니 비록 적산이라 하더라도 스스로 앞장서는 것이 떳떳한 일이 아니겠는가?'

이렇게 생각한 박두병은 소화기린맥주 자치위원회 멤버들을 만나 자신의 결심을 털어놓았다.

"내가 당분간 맥주회사 일을 거들어주겠소."

오래도록 노심초사하며 기다리던 자치위원회 멤버들은 대환영이었다.

이렇게 해 박두병은 일단 1945년 9월 말 그저 명맥만 유지하던 박승직상점의 문을 완전히 닫고, 10월부터 소화기린맥주에 정식 출근하기 시작했다. 미군정청은 10월 6일 그를 소화기린맥주 민간 측 관리 지배인으로 임명했다.

당시 미군정청에서는 적산 회사의 경우 군정 측 관리 지배인과 민간 측 관리 지배인이라는 이원 체제를 고수하고 있었다. 군정 측 관리 지배인으로는 스튜어트 대위가 현장 근무를 맡았다.

"환영합니다. 소화기린맥주의 경영을 잘 부탁드립니다."

스튜어트는 민간 측 관리 지배인이 된 박두병을 반갑게 맞았으며, 당장 공장이 돌아갈 수 있도록 해야 하므로 매우 협조적인 자세를 취했다.

박두병은 취임 이후 자치위원회 멤버들을 간부진으로 구성하고, 경성고등상업학교 9년 후배인 정수창(鄭壽昌)을 평사원으로 입사시켜 경리를 맡아보게 했다.

관리 지배인 취임 이후 박두병은 순발력을 발휘해 불과 1개월 만인 11월에 맥주를 처음 생산·출하했다. 이는 그동안 공장 가동만 기다리던 전 종업원이 신바람 나게 일한 덕분이기도 했다.

당시 맥주의 생산·판매에서 가장 어려운 것은 맥주병 부족 현상이었다. 맥주의 생산량은 계속 늘어나는 데 비해 새 맥주병의 공급은 턱없이 부족해, 공병을 회수해 재활용하는 방안을 강구하지 않으면 안 되었다.

그러나 공병 회수도 그렇게 쉬운 일만은 아니었다. 공병을 확보해야만 수요에 맞게 생산량을 늘려나갈 수 있었으므로, 박두병은 '공병권제(空甁券制)'를 채택했다. 대리점에서 가져오는 공병과 맥주를 맞바꾸는 전략이었다.

이렇게 본격적으로 맥주 생산에 돌입하기는 했지만, 종업원들의 월급은 여전히 동결된 상태였다. 해방 후 물가는 폭등하는데, 월급은 일제 치하에서 받던 저임금 상태에서 크게 벗어나지 못하는 실정이었다.

박두병은 종업원들의 사기 문제가 중요하다고 생각했으나, 월급을 올려줄 수 있는 재력은 없었다. 고민하던 끝에 그는 군정 측 관리 지배인 스튜어트 대위에게 말했다.

"종업원들 월급 인상이 어렵다면, 돈 대신 맥주를 배급하는 방식도 있습니다."

"좋은 의견이지만, 나로서는 권한 밖입니다."

스튜어트 대위도 확실한 답을 내리지 못했다.

"두고 보십시오. 종업원들에게 보너스로 맥주 배급을 해주면 생산성이 크게 향상될 겁니다. 그것이 회사로서도 더 큰 이득이 아니겠습니까?"

박두병은 물러서지 않았다. 스튜어트 대위도 더 이상 발뺌할 수 없었다. 박두병의 말이 모두 이치에 합당했기 때문이었다.

이렇게 해 종업원들은 1년 중 명절과 김장 때를 맞아 보너스 형식으로 매번 4홉들이 24병이 들어가는 맥주를 5상자씩 배급받게 되었다. 3상자는 무상으로 주고 2상자는 원가에 사 갈 수 있게 했는데, 이때 종업원들은 그 맥주를 암거래 시장에 내다 팔아 생활비에 보태 썼다. 당시 맥주 1상자면 보통 반달치 월급과 맞먹었으니, 5상자를 팔면 만만치 않은 돈을 손에 쥘 수 있었다.

그러나 이것만으로는 저임금을 해소하는 데 한계가 있었다. 드디어 1946년 가을에 현장 종업원과 노동조합이 쟁의를 일으켜 노사 간의 갈등이 고조되었다. 군정하의 민간인 관리 지배인 권한으로서는 노사 문제를 해결할 수 없었다. 그는 한계를 느끼고 스튜어트 대위에게 사표를 제출했다.

"노사 문제를 해결할 방안이 없습니다. 책임을 통감하고 관리 지배인의 직책에서 물러나겠습니다."

"안 됩니다. 당신이 물러나면 이 회사는 곧 곤경에 빠지고 말 겁니다."

스튜어트 대위가 만류했지만, 박두병은 마음먹은 대로 회사를 그만두었다.

그러자 정작 충격을 받은 것은 종업원들이었다. 생계를 위해 노동조합 쟁의를 벌였지만, 종업원들 누구도 박두병이 회사를 그만두는 것은 원치 않는 일이었다.

그로부터 사흘 후 종업원들을 대표해 최인철과 이상만이 박두병을 찾아왔다.

"회사에 나와주셔야 하겠습니다. 관리 지배인님이 그만두셨다는 소식에 충격을 받고 종업원들도 냉정을 되찾은 분위기입니다. 스튜어트 대위도 백방으로 해결책을 찾고 있으니 조만간 노동조합 쟁의도 해결될 것입니다."

박두병은 마침내 마음을 돌렸다. 종업원들이 자신을 믿고 따른다는 데 고무되었던 것이다.

"이번 가을에 보너스를 지급해 종업원들에게 다소나마 위안이 되도록 해야만 합니다."

회사로 복귀한 박두병이 스튜어트 대위에게 말했다.

이때는 스튜어트 대위도 마음이 움직였다. 박두병이 다시 회사에 나와준 것만으로도 고마웠던 것이다.

사실상 보너스 지급 문제는 군정 당국의 임금조정위원회 결정사항으로, 스튜어트 대위로서도 권한 밖의 일이었다. 그러나 사표를 낸 박두병이 복귀해 새로운 마음으로 기업을 이끌어가게 하기 위해서는 결단을 내리지 않으면 안 되는 상황이었다.

"좋습니다. 내가 책임을 지고 보너스를 지급하도록 하지요."

스튜어트 대위는 용기를 내어 박두병이 보는 앞에서 보너스 지급 승인 결재 서류에 사인을 했다.

드디어 1946년 가을에 소화기린맥주 전 종업원들은 맥주 배급 이외에 별도로 특별 보너스를 지급받았다. 그러나 그 일로 인해 군정 측 관리 지배인 스튜어트 대위는 군대 행정 체계를 문란케 했다는 사유로 문책을 당했다.

그로부터 2년 후인 1948년 2월 28일, 박두병은 '소화기린맥주'라는 일본식 회사 이름을 바꾸기로 했다. 한국식 새 명칭을 고심하던 끝에 신라新羅·계림鷄林·동양東洋 중에서 최종적으로 '동양'이 좋다는 의견이 지배적이었다. 당시 라이벌 회사로 조선맥주가 있었는데, '동양맥주주식회사東洋麥酒株式會社'로 회사 이름을 정하기로 한 것은 지리적 특성을 고려할 때 '동양'이 '조선'보다 더 큰 의미가 있다는 의견에 따른 것이었다. 그리고 영문 회사명인 'ORIENTAL BREWERY CO., LTD.'라는 것에서 머리글자를 따와 'OB'라는 상표를 새롭게 선보였다.

이렇게 회사 이름을 바꾸고 새로운 브랜드로 탈바꿈하면서 회사는 날로 발전을 거듭했다. 1948년 7월 16일, 드디어 귀속 재산 관리 제도가 폐지되면서 박두병이 정식으로 동양맥주주식회사 대표 취체역을 맡았다.

이때 박두병은 서울사무소를 종로4가에 있던 박승직상점 건물로 옮기고, 경영진을 새롭게 개편하는 등 동양맥주주식회사의 쇄신을 위해 전력을 기울였다. 회사가 발전할 때마다 조직 개편이 자주 이루어졌는데, 간혹 인사 문제로 불협화음이 일어날 때도 있었다.

"반목은 종말적인 파괴를 의미하며, 화목은 영원한 발전을 약속합니다. 우리 모두 발전하기 위해서는 반목을 과감하게 버리고 화목한 유대 관계를 유지해 나가야 할 것입니다."

박두병의 이러한 말은 강한 설득력을 발휘했다. 불협화음이 일어날 때마다 종업원들이 그의 말을 듣고 '반목'이 아닌 '화목'을 선택했던 것이다.

이때의 '화목'은 박두병의 신념이자, 기업인으로서의 경영 이념이었다. 다른 말로 표현하면 '인화(人和)'라고 할 수 있었다.

두산의 장수비법 ⑪

· 인화야말로 100년 기업의 원동력

박두병의 기업 경영 방식은 '인화의 정신'에서 비롯되었다. 인화의 사전적 의미는 '여러 사람이 서로 화합하는 것'이라 할 수 있는데, 그는 사람과 사람 사이의 협력 관계가 큰 힘을 발휘한다는 사실을 일찍부터 깨닫고 있었다.

'인화의 정신'은 부친 박승직이 내세운 '가훈家訓'이자 박승직상점을 창업할 때부터 지켜온 기업 이념으로, 대를 이어 두산의 '사시社是'로 정착되었다.

12   진정한 사업가는
때와 장소를 가리지 않는다

누구에게나 성공을 움켜쥘 수 있는 기회는 온다. 그러나 꿈꾸는 사람만이 기회를 잡을 수 있다. 사람이 꿈을 꾼다는 것은 의식이 멈추지 않고 끊임없이 활동하고 있다는 증거다. 꿈은 기회를 잡기 위한 안테나 같은 역할을 한다. 언제 기회가 올지 모르기 때문에 꿈꾸는 사람은 늘 긴장감을 갖고 살아간다.

기회는 또 때와 장소를 가리지 않고 부지불식간에 찾아온다. 그래서 늘 무엇인가를 꿈꾸면서 긴장감을 갖고 기다리지 않으면, 기회가 언제 자기 자신에게 왔다 갔는지도 모르는 경우가 허다하다. 그러한 사람은 눈뜬장님과 다를 바가 없다.

1950년 한국전쟁이 발발했을 때, 박두병이 경영하던 동양맥주 공장은 전화로 인해 모두 불타버리고 말았다. 서울 수복 후 잿더미로 변한 공장을 재건하던 중에 중공군의 개입으로 서울이 다시 함락될 위기에 처하자 공사가 중단되었다.

처음 전쟁이 일어났을 때 박두병은 미처 피난을 가지 못해 서울 자택에서 3개월 동안 가족들과 함께 숨어 지냈다. 그때 공산당의 눈을 피해 숨어 사느라 고생을 많이 했다. 비밀리에 마련한 집안의 토굴 속에서 가족들이 가져다주는 밥을 먹으며 지내야만 했던 것이다. 그래서 다시 중공군의 개입으로 서울이 적의 수중에 넘어갈 위기에 처하자, 그는 가족들과 함께 부산으로 피난을 가기로 결심했다.

일단 박두병은 노부모를 경기도 광주로 모신 후 트럭 한 대를 빌려 가족들을 먼저 부산으로 내려보냈다. 그러고 나서 바쁜 일들을 처리하고 곧 부산으로 출발하려고 하는데, 광주에서 부친이 사망했다는 연락이 왔다. 당시 박승직은 86세로 지병을 앓고 있었는데, 광주 집에 도착한 지 일주일 만인 1951년 12월 20일 아침에 세상을 뜬 것이다.

박승직은 눈을 감으면서 다음과 같은 유언을 남겼다.

"내가 죽거든 여러 날 둘 것 없다. 그 이튿날로 즉시 장사를 치르도록 해라."

박두병은 부친의 유언대로 바로 다음 날 장례를 치렀다. 그는 평소 부친이 허례허식을 싫어했던 것을 기억하고 있었고, 더구나 전쟁 중이라는 절박한 상황 속이라 장례도 간소하게 치를 수밖에 없었다.

부산으로 피난을 떠나기 전에 박두병은 다시 한 번 영등포 맥주

공장을 둘러보았다. 다시 서울이 함락되면 재건하던 공장도 온전치 못할 것이었다. 문득 세상을 떠난 부친의 말이 떠올랐다.

"전쟁 중에도 사람들은 먹고 마시고 입어야 한다. 그러니 사업을 멈추어서는 안 된다."

사실 박두병이 잿더미가 된 공장을 재건하려고 한 것은 부친 박승직의 말이 전적으로 옳다고 생각했기 때문이다. 그래서 직원들과 주변 사람들의 만류에도 불구하고 공장 재건에 박차를 가한 것이다.

하지만 중공군이 인해전술로 남진을 하고 있는 마당이니, 박두병도 어쩔 수 없이 부산으로 피난을 갈 수밖에 없었다.

먼저 부산으로 내려간 가족들을 생각하자 박두병은 막막하기만 했다. 피난지 부산에서 어떻게 먹고살아야 할지 걱정이 앞선 것이다.

한 가지 기대를 걸고 있는 것은 서울에서 일부 기계와 맥주 원료를 트럭에 실어 부산으로 내려보낸 일이었다. 전쟁의 와중에도 박두병은 피난지 부산에서 맥주를 만들어 팔 생각을 하고 있었다. 기차를 타고 부산에 내려온 박두병은 동광동 삼성여관에 임시 사무실을 열고 피난을 와서 여기저기 흩어져 있던 동양맥주 간부들을 소집했다.

"언제까지나 전쟁이 끝나기만을 학수고대하며 기다리고 있을 수는 없습니다. 우선 이곳 부산에서 맥주를 만들어보도록 하십시다."

박두병의 이 같은 말에 간부들은 우려의 목소리를 높였다.

"기계와 맥주 원료가 있다손 치더라도 운영 자금이 없질 않습니까? 또 이런 전시에 누가 맥주를 마시겠습니까?"

"기다려 봅시다. 자금이 마련되면 곧 맥주 생산에 돌입할 수 있도록 만반의 준비를 철저히 하세요. 그리고 전시라 해도 맥주 마시는 사람이 왜 없겠습니까? 없어서 못 마시지. 부산에 주둔한 미군들한테 팔면 되지 않겠소?"

박두병은 이미 머릿속에 계산을 해둔 것이 있었다.

1950년 초에 두산상회를 통해 홍콩에 게 통조림을 수출한 적이 있는데, 박두병은 그 결제 대금이 들어올 때가 되었다는 것을 상기했다. 그 대금만 들어오면 아쉬운 대로 맥주 생산에 돌입할 수 있다고 판단한 것이다. 한국은행에 조회를 해본 결과 때마침 홍콩에서 4500달러의 결제 대금이 송금된 사실을 확인할 수 있었다.

"일단 이 돈이면 맥주를 만들 수 있을 거요! 그리고 맥주 판매 대금을 현찰로 받는다면 계속해서 맥주를 생산할 수 있을 것입니다. 한편으론 기계를 돌리고, 한편으론 맥주 판로를 찾아봅시다."

박두병은 의욕에 찬 목소리로 간부들을 독려했다.

그러나 문제가 발생했다. 서울에서 트럭으로 실어 온 맥주 원료가 변질된 것이다. 오랜 기간이 지난 데다 창고가 없어 보관에 다소 소홀한 탓이었다.

결국 피난지 부산에서 맥주를 생산하겠다는 박두병의 계획은 수포로 돌아가고 말았다. 그렇다고 가만히 앉아 있을 수는 없었다. 그는 일본의 기린맥주 측과 맥주 생산 가능성을 타진해 보기로 했다. 하지만 기린맥주 측에서는 전쟁 상황에 놓인 한국 기업에 투자를 하려고 들지 않았다. 할 수 없이 그는 일본에서 맥주 효모만 들여와 배양함으로써 후일에 대비키로 했다.

1951년 8월, 정부는 전쟁 발발로 보류되었던 정부 귀속 관리 업체의 민간 불하 방침을 임시 수도 부산에서 재공고했다. 박두병이 몇 년 동안 관리해 온 동양맥주주식회사도 불하 대상에 포함되어 있었다.

이때 박두병은 간부들을 모아놓고 말했다.

"우리가 동양맥주를 불하받아야겠습니다. 온전한 우리 회사로 만들어야 앞으로 발전을 기대할 수 있습니다."

그러나 아직도 전쟁 중이라는 상황을 감안해 반대 의견을 내는 간부가 많았다.

"전쟁도 끝나지 않았고 잿더미 공장을 불하받아 어쩌시려고 그럽니까?"

"전쟁은 곧 끝납니다. 지금 공장을 불하받지 못하면 전쟁이 끝나고 나서도 사업에 손을 댈 수 없습니다. 누가 먼저 공장을 복구해 빨리 제품을 생산하고 판매하느냐가 관건입니다."

박두병은 시장 선점이 성공의 지름길임을 누구보다 잘 알고 있었다. 모든 공장이 전쟁으로 인해 폐허가 된 상태이므로 순발력 있게 공장을 먼저 재건해 제품을 만들어내야만 시장을 선점할 수 있다고 판단한 것이다.

"서울이 수복된다 하더라도 언제 다시 밀릴지 모르는 상황입니다. 동양맥주를 불하받을 돈이 있으면 차라리 안전하게 부산에다 새로운 공장을 짓는 것이 나을 것입니다."

반대하는 몇몇 간부들이 내놓은 의견이었다.

"이곳 부산은 장차 유통을 하는 데 큰 문제가 있습니다. 공장은 서울에 있어야 합니다. 설사 잿더미의 공장이라 하더라도 기계 몸체는 누가 떼어 갈 수도 없는 노릇이니 그대로 있을 것입니다. 따라서 새로 기계를 들여오는 것보다 공장 재건이 더 쉽습니다. 문제는 누가 가장 먼저 제품을 생산해내느냐에 달려 있기 때문입니다."

박두병은 동양맥주주식회사를 인수하기로 결정했다.

그런데 김연수라는 한국인 주주가 있다는 것이 문제였다. 일본 기린맥주주식회사가 동양맥주주식회사의 전신인 소화기린맥주를 창립할 당시 박두병의 부친 박승직과 경성방직 취체역 김연수가 각기 200주씩 주식을 갖고 있었다. 당시까지 그대로 주식을 보유하고 있었으므로 인수 권한이 김연수에게도 있었던 것이다.

박두병은 김연수를 찾아가 동양맥주주식회사 불하 의사를 타진해 보았다. 다행히도 김연수는 불하 경매에 응찰할 생각이 없다는 의사를 밝혔다.

"나는 맥주회사에 욕심이 없네. 그동안 자네가 잘 경영해 오던 회사이니, 이번에 응찰해 보도록 하게나."

이렇게 해 박두병은 1952년 3월 22일 동양맥주주식회사 공개 입찰에 단독으로 응찰해 관재청 사정 가격대로 낙찰을 받았다. 당시 불하 가격은 36억 1366만 6360원이었다. 그중에서 계약 체결 시 납부해야 할 금액의 약 10퍼센트는 부친 박승직이 생존 시 보유하고 있던 지가증권으로 지불했다. 나머지 잔금은 9년에 걸쳐 분할 상환하는 조건이었으므로 당장 현금이 들어가는 것은 없었다.

이렇게 해 정식으로 매매 계약이 성립된 것은 1952년 5월 22일이었다. 이로써 동양맥주공장의 1만 8500여 평 대지와 57동 건물을 포함해 주식 5만 9540주와, 그 밖에 부수 재산 일체를 인수받았다. 박두병은 이날을 민간 기업 동양맥주주식회사의 창립일로 정했다. 민간 기업으로서 초대 사장이 된 박두병은, 당시 나이 마흔둘로 이미 중년에 이르러 있었다.

1952년 8월 27일 박두병은 동양맥주 이사회를 열어 공장 복구 공사와 운영을 위한 필요 자금 20억 원을 금융 기관으로부터 융자 받기로 결의했다.

부산 피난지에서 서울로 올라온 박두병은 곧바로 영등포공장으로 달려갔다. 그때 그는 포화로 다시 잿더미가 된 공장을 바라보며 허탈한 심정이 되었다. 갑자기 눈물이 핑 돌았다. 재건하려던 공장은 전보다 더 처참하게 망가져 있었다. 무거워서 가져갈 수 없는 큰 기계 덩어리들만 남아 있었고 부속품·전깃줄·스위치까지 모두 사라져버렸다. 누군가가 돈이 될 수 있는 쇳조각들은 전부 뜯어다 고물상에 넘겨버린 모양이었다. 무거운 쇳덩어리도 엿가락처럼 늘어져 대부분 쓸모가 없게 되었다.

본격적으로 동양맥주 영등포공장의 복구 공사가 시작된 것은 1952년 11월 28일부터다. 복구 공사는 밤낮을 가리지 않고 진행되었다. 구부러진 쇠는 펴고, 없어진 부속품은 고물상에서 사다 맞추었다. 간혹 옛날 공장에서 일련번호를 붙인 기계의 부속품을 고물상에서 발견할 때도 있었다. 그걸 다시 돈을 주고 사다 맞추면서도 참으로 다행스럽게 생각한 것은 다른 부속품들은 기계에 맞지 않아 철공소에 부탁해 새로 깎아 맞출 때가 많았기 때문이다.

박두병은 공사 현장에 자주 나타나 복구 공사에 참여한 대원들을 격려했다.

"자네, 수고가 많군. 고달프더라도 조금만 참게나. 머지않아 맥주가 생산되면 우리 모두에게 좋은 일이 생길 걸세."

기존 기계만으로는 턱없이 부족해 한편으로는 복구 공사를 하면서 다른 한편으로는 새로운 기계를 들여왔고 맥주의 주원료인 맥아와 호프도 수입했다. 이렇게 해 드디어 1953년 6월 19일 민영화된 이후 처음으로 본격적인 공장 가동에 돌입했다. 그리고 그로부터 2개월이 채 되지 않은 8월 9일 첫 맥주를 생산하는 기쁨을 맛보았다. 휴전 협정이 성립된 지 10일 만의 일이라서 앞으로 안전하게 맥주를 생산·판매할 수 있다는 생각에 그 기쁨은 더욱 컸다.

"자, 여러분! 오늘은 마음껏 마십시다. 민간 기업으로 출발한 우리 동양맥주가 처음으로 생산한 맥주입니다."

박두병은 전 종업원과 함께 벅찬 환희 속에서 맥주 시음회를 열었다. 그는 종업원들에게 일일이 맥주를 따라주며 그간의 노고를 치하했고, 이와 함께 모두에게 2000환씩 상여금을 지급했다.

두산의 장수비법 ⑫

강한 사업 의지가 역전의 기회 만든다

사업가는 막연히 성공의 기회가 올 것이라는 기대를 안고 기다리는 것이 아니라, 자신이 그 기회를 만들어나간다. 기회는 주어지는 것이 아니라 스스로 찾아내 자기 것으로 만드는 것이다. 강한 사업 의지가 바로 그 기회를 만드는 원동력이다. 설사 좋은 기회가 오더라도 사업 의지가 희박한 사람은 한두 번의 시도 끝에 포기하고 만다. 그러나 진정한 기업가는 시간과 장소를 가리지 않고 사업 의지를 불태운다. 전쟁터에서도 사업가는 돈을 벌 수 있어야 한다. 그 틈새를 이용해 오히려 더 큰 돈을 벌 수 있는 기회를 만든다. 주변 상황이 악화될수록 더욱 강한 의지로 일어서는 기업가가 성공의 기회도 잡는다.

용수철은 누르면 누를수록 더욱 높이 튀어 오른다. 마찬가지로 진정한 기업가는 사업 환경이 악화되면 악화될수록 강한 의지력을 불태워 역전의 기회를 만든다. 역전의 명수가 되어야 성공한 사업가로 도약할 수 있다. 그리고 역전에 성공했을 때의 그 쾌감은 사업가만이 느낄 수 있는 진정한 기쁨이기도 하다.

13 시장 선점이 성공의 지름길이다

전투에서는 누가 먼저 유리한 고지를 점령하느냐가 승리의 관건이다. 전술·전략상 유리한 고지란 적을 공격하기에 수월하면서 동시에 방어하는 데 최적의 입지를 갖춘 곳을 말한다.

기업 경영도 전투와 마찬가지다. 먼저 시장을 선점하는 기업이 가장 강한 구매력을 확보할 수 있다. 시장을 주도하고 선두에서 이끌어나가면 후발주자들이 생기고, 그와 함께 시장 규모가 더욱 커지면서 선발주자라는 기득권을 행사할 수 있게 되는 것이다.

전쟁이 채 끝나기도 전에 박두병이 잿더미가 된 영등포공장의 복구 공사를 서두르고 누구보다 일찍 제품 생산에 돌입한 것은, 가장 먼저 시장을 선점해 소비자들에게 초반부터 강한 이미지를 심어주기 위해서였다.

동양맥주 영등포공장 바로 옆에는 조선맥주 공장이 있었다. 1933년 동양맥주의 전신인 소화기린맥주가 일본 기린맥주의 주도하에 창립된 것처럼, 조선맥주 역시 같은 해에 일본의 대일본맥주에 의해 세워졌다. 당시 일본 내에는 대일본·기린·가부토·데이코 등 4대 맥주 메이커가 있었는데, 그중에서도 대일본맥주가 단연 선두주자로서 70퍼센트의 시장점유율을 확보하고 있었다. 한국에서도 창립 이후 대일본맥주 세력을 배경으로 한 조선맥주가 기린맥주를 배경으로 한 소화기린맥주를 약 7대 3의 비율로 압도하고 있었다.

이러한 조선맥주와 소화기린맥주의 시장점유율은 해방 후까지도 이어졌다. 박두병은 소화기린맥주를 동양맥주로 상호를 변경하면서 이미지를 쇄신하고 시장 경쟁력을 갖추기 위해 최선의 노력을 기울였다. 그러나 이미 창업 초기부터 조선맥주가 시장을 선점하고 있었기 때문에 7대 3이라는 시장 지배 구도를 바꾸기는 쉽지 않았다.

박두병은 1950년에 일어난 한국전쟁이 그러한 시장 구도를 바꿀 절호의 기회가 될 거라고 판단했다. 물론 누구에게도 그 속내를 드러내지는 않았지만 말이다. 1951년 9·28수복 후 공장으로 달려갔을 때 조선맥주 역시 동양맥주처럼 잿더미로 변해 있었다. 만약 전쟁이 끝난다면 동시에 같은 조건하에서 경쟁을 할 수 있게 될 것이므로, 순발력 있게 공장을 재건한다면 7대 3이라는 시장점유율을 뒤집어놓을 수 있는 찬스라고 판단한 것이다.

《손자병법》의 〈지형편地形篇〉과 〈구지편九地篇〉에서는 지형지세가 전투에서 얼마나 중요한지를 강조하고 있다. 기업에서 지형이란 시장 상황을 말하는 것이다. 따라서 시장을 누가 먼저 점유하느냐에 따라 상황은 크게 달라질 수 있다.

박두병은 《손자병법》에서 지형의 중요성을 강조하는 까닭을 잘 알고 있었다. 그것은 유리한 고지를 먼저 점령하면 적은 군사로도 많은 군사를 대적할 수 있기 때문이다. 실제로 동양맥주는 그 규모 면에서나 자본력에서나 조선맥주보다 열악한 조건 속에 있었다. 시장을 선점하지 않으면 아무리 노력해도 조선맥주를 따라잡기 어렵다는 것을 알고 있었기 때문에 동양맥주의 공장 재건을 서두른 것이다.

그런데 1·4후퇴 때 부산으로 피난을 갔다가 다시 서울로 돌아왔을 때 박두병은 아연실색하지 않을 수 없었다. 동양맥주 공장이 조선맥주 공장보다 피해 정도가 훨씬 심각했다. 양사 모두 잿더미로 변한 것은 사실이었으나, 조선맥주 공장은 그래도 수리해서 쓸 만한 기계들이 더 많이 남아 있었다.

그럼에도 1953년 동양맥주는 조선맥주보다 일찌감치 맥주 생산에 돌입해 한 달가량 앞서 상품을 시장에 내놓았다. 그러나 이미 창업 이후 탄탄하게 다져온 시장이라 조선맥주의 벽을 넘기란 쉽지 않았다. 1954년 맥주 판매 비율을 보면 조선맥주가 66.5퍼센트이고, 동양맥주가 33.5퍼센트였다. 해방 전 7대 3의 시장점유율과 크게 달라진 것이 없었다.

박두병은 이러한 현실을 인정하지 않을 수 없었다. 일단 해방 전보다 시장점유율을 0.5퍼센트 따라잡은 것은 성공적이라고 판단했다. 문제는 기업과 상품 이미지 쇄신에 있었다. 맥주 업계의 양대 산맥을 형성하고 있었기 때문에 경쟁은 불가피한 상황이었다. 동양맥주에서 생산하는 'OB'와 조선맥주의 브랜드 '크라운'의 숙명적 대결이 시작된 것이다.

이미 이러한 대결 구도를 예상하고 박두병은 1953년 가을에 OB의 상표를 새롭게 만들어야겠다고 생각했다. 기업과 상품에 대한 신선한 이미지를 구축하기 위한 전략이었다. 1948년에 만들어 사용해 오던 상표가 있었지만, 그것은 이미 시대감각에 뒤떨어진다고 판단했다.

박두병은 당시 나이 서른인 신입 디자이너 노수영을 채용했다.

"자네가 한번 우리 OB맥주에 걸맞은 독창적이고 보기 좋은 상표를 만들어보게나."

신입사원이었지만 박두병은 그에게 기회를 주고 싶었다. 젊은 감각을 새로운 상표에 불어넣으면 큰 효과를 발휘할 수 있을 것이라 생각한 것이다.

"네, 열심히 해보겠습니다."

노수영은 뛸듯이 기뻤다.

"앞으로 우리 OB맥주는 외국에도 수출하게 될 걸세. 그러므로 외국 맥주들과도 당당히 맞설 수 있는 상표 도안이 필요하네."

그러나 박두병은 신입사원 외에도 몇몇 유명 상업 디자이너들에게 OB맥주 상표 도안을 의뢰했다.

그런 사실을 안 노수영은 밤샘 작업도 마다치 않고 상표 도안에 매달렸다. 유명 상업 디자이너들과 경쟁한다는 것은 감히 엄두도 내지 못할 일이었지만, 그는 사장이 신입사원인 자신에게도 그들과 대등하게 겨룰 수 있는 기회를 주었다는 사실이 무엇보다 고마웠다.

그로부터 얼마 지나지 않아 새로운 상표 도안들이 모아졌다. 그 중에는 신입사원 노수영의 작품도 들어 있었다. 중역실에서는 이 도안들을 가지고 해당 디자이너들의 이름을 가린 채 임직원들을 대상으로 일주일 동안 전시회를 열었다. 그리고 종업원들의 의견과 중역들의 중론을 모아 최종적으로 노수영의 도안이 새로운 상표 디자인으로 결정되었다.

"우리 신입사원 노수영 씨가 도안한 작품을 새로운 OB맥주 상표로 결정했습니다. 이 도안은 새롭고 독창적이며 파격적이기까지 합니다."

박두병의 말에 종업원들은 모두 박수를 보냈다. 그런데 정작 당사자인 노수영은 그저 어리벙벙할 뿐이었다. 유명 상업 디자이너들을 제치고 자신의 작품이 선정되리라곤 꿈에도 생각지 못했기 때문이었다.

새로운 OB 상표는 가로로 퍼진 타원형 위에 역삼각형이 그려져 있는 기본 바탕에, 'OB' 라는 청색 글자를 넣은 형태였다. 글자가 더욱 선명하게 보이도록 하기 위해 금색 빛깔을 역삼각형의 배경색으로 했으며, 바탕인 타원형을 따라 붉은색 띠를 둘렀다. 그리고 띠의 바탕에는 '동양맥주' 라는 회사 이름을 영문의 흰색 글자로 새겨

넣었다.

또한 역삼각형의 두 변 옆으로는 각각 보리이삭을 흰색으로 그려 보리 맥※, 즉 '맥주'를 상징할 수 있도록 했다. 역삼각형엔 무궁한 발전과 영원한 전진을 기원하는 뜻이 담겨 있었으며, 삼각형의 세 변은 진선미를, 그 안의 하얀 바탕은 깨끗함을 상징했다. 또한 삼각형의 배경색인 금빛은 보리 빛깔을, 타원형의 붉은 띠는 정열을 나타내고 있었다.(OB맥주 상표 도안의 역사는 http://www.ob.co.kr/brandstory/history.asp에서 볼 수 있다. 노수영의 새 도안은 이 사이트에서 1960년대 도안으로 나와 있다.)

상표 도안을 한 노수영의 설명을 자세히 듣고 나서 박두병은 매우 흡족한 미소를 지었다.

드디어 1954년 3월부터 새로운 상표를 붙여 판매되기 시작한 OB맥주는 그 해에 12만 7000여 상자를 팔았다. 1955년에는 38만 3000여 상자를 팔아 전년 대비 무려 3배 이상의 판매고를 올렸다.

이러한 결과엔 새로운 상표 도안도 한몫을 했다고 볼 수 있지만, 박두병이 다각도로 홍보 전략을 구사한 결과라고 할 수 있었다. 그는 새로운 상표 도안뿐만 아니라, 이를 기회로 미스코리아·연예인 등 인기인을 모델로 한 최고급 캘린더를 제작해 배포했다. 1만 부를 제작해 전국에 있는 맥주 주점에 배포했는데, 8~9도로 인쇄한 최고급 원색 사진으로 된 이 캘린더가 큰 인기를 끌면서 소비자들에게 OB맥주의 이미지를 확실하게 부각시킬 수 있었다.

박두병은 1955년 초에 정식으로 선전과를 신설해 다각도로 OB

맥주 광고에 전력을 다했다. 생맥주 잔을 비롯해 재떨이·유리컵·성냥·부채·라이터 등의 물품, 암등 간판과 함석·철판으로 제작한 각 업소의 간판을 지원했다. 그리고 1957년 여름부터는 품질의 우수성에 초점을 맞춰 TV 광고를 전격적으로 내보냈다.

이러한 노력 끝에 1957년 9월부터 OB맥주가 시장점유율에서 크라운맥주를 점차 앞서나가기 시작했다. 그리고 1958년에는 OB와 크라운의 맥주 판매 비율이 57대 43으로 동양맥주가 조선맥주를 크게 앞질렀다.

두산의 장수비법 ⑬

스피드 있는 광고 전략과 강한 리더십

박두병이 열악한 환경 속에서 시장점유율을 크게 역전시킬 수 있었던 것은 순발력 있는 광고 전략이 주효한 덕분이다. 소수의 군대가 다수의 군대를 이기려면 스피드와 강한 리더십이 필요하다.

칭기즈칸이 기마병을 이끌고 유럽을 공략해 대승을 거둘 수 있었던 것도 스피드와 리더십 덕분이었다. 당시 몽골 군사들은 말에 쓸데없는 장식을 달지 않았고, 군사들은 각자 육포를 휴대했기에 원정군이었음에도 후방에서 군량미를 지원하는 부대가 따로 필요 없었다. 또한 칭기즈칸의 명령 한마디에 몽골 군사들 전원은 일사불란하게 움직였다.

박두병은 스피드 전략으로 홍보전을 활용했다. 그가 젊은 신입 디자이너의 도안을 과감하게 선택한 것도 시대감각을 정확하게 읽는 안목이 있었기에 가능한 일이었다. 실로 그의 광고 전략은 스피드와 다양성을 앞세운 동시다발적이고 혁신적인 리더십이 아닐 수 없었다. 그는 이러한 광고 전략으로 맥주 출시 4년 만에 크라운과 OB의 7대 3의 시장점유율을 완전히 뒤집어버렸다.

14

생산·판매라는 두 날개와 품질 개선의 바퀴를 달다

비행기는 활주로를 이륙하기 전에 가장 많은 연료를 소비한다. 그러나 일단 하늘로 날아올라 제트기류를 타기 시작하면 소량의 연료로도 멀리 날아갈 수 있다.

기업도 정상 궤도에 오르기까지 많은 자금과 시간을 투자하고 품질 개선을 위한 숱한 시행착오를 거칠 수밖에 없다. 그러나 일단 시장점유율이 올라가고 고객에게 상표가 알려지기 시작하면, 그때부터는 탄탄대로가 열린다. 물론 비행기가 제트기류를 탔다고 해서 기장이 긴장을 늦출 수 없듯이, 기업의 리더 역시 잘나갈 때일수록 더욱 바짝 신경을 쓰지 않으면 안 된다.

박두병은 새로운 상표로 OB맥주를 시장에 선보이면서 종업원들에게 다음과 같은 선언을 했다.

"이제 새로운 상표로 도전을 하게 된 만큼 판매 체제를 혁신해야겠습니다. 생산과 판매를 같이 하는 방식은 기업의 총체적 역량을 한곳에 집중하기 어려워 바람직하지 않다고 생각합니다. 앞으로 생산과 판매를 분리해서, 동양맥주는 생산에만 집중하고, 두산산업은 판매에만 전력을 다하는 체제로 전환해야겠습니다."

박두병은 그동안 동생 박우병朴又秉에게 두산산업을 맡겨 동양맥주에 필요한 몰트·호프 같은 원료와 시설 개선을 위한 기계 등을 들여오는 수입 업무를 담당케 했다. 그러나 이제 그는 두산산업을 동양맥주 총판 회사로 탈바꿈시켜 그동안 사업성이 좋지 않았던 운송 수단을 적극 활용키로 했다.

두산산업은 처음 운수 사업으로 시작한 두산상회의 사업을 확대해 1953년 상호를 변경한 기업이었다. 애초에 두산상회는 박두병의 부인 명계춘이 주도해 사업을 시작했으며, 1950년 한국전쟁이 일어나 부산으로 피난을 가면서 현지에서 정부의 외국 원조 물자 수송 업무를 담당하는 민간 모터풀motor pool, 부대나 개인의 필요에 따라 이용할 수 있도록 되어 있는 차량 집단 사업권을 따냈다.

박두병은 전쟁이 일어나기 전에 이미 운수 사업을 경험한 바 있었고, 그때 받았던 교통부 면허장도 갖고 있었으므로 운수 사업만큼은 자신 있게 주도할 수 있다고 확신했다. 따라서 전시 중인데도 서울에 있는 부동산을 담보로 3억 5000만 원을 대출받아, 1951년 두산상회 이름으로 이스즈 13대와 닛산 1대 등 총 14대의 트럭을 불하받았다. 당시 이 사업에 참여한 업체 중에서 대한통운이 제1모터풀, 자동차배급주식회사가 제2모터풀, 두산상회가 제3모터풀로 명명되었다.

처음에 두산상회의 사업 지역은 부산·경남 일대로 국한되었으나, 나중에는 인천·서울 지역까지 확장되면서 사업 규모가 크게 확대되었다. 이렇게 되자 외자관리청으로부터 법인 등록 요청을 받아 1951년 10월 29일 주식회사 두산상회로 정식 발족을 하게 되었다. 이때 사업 목적에 운수업 이외 물품 판매업, 수출입업, 주류 판매업, 토건업 등을 포함시키면서 장차 사세 확장의 토대를 마련했다.

1952년 2월에 이르러 환도설이 나돌기 시작하고 외자관리청이 인천출장소를 개설하자, 제3모터풀의 사업 지역도 한강 이북까지 확대되었다. 이후 주식회사 두산상회는 본격적인 무역업체로 새롭게 출발하기 위해 1953년 6월 두산산업주식회사로 상호를 변경했다. 그리고 1954년 3월 박두병은 메이커와 마케팅의 분리를 통해 맥주의 생산·판매 효율을 극대화하기 위해 두산산업에 OB맥주의 총판 업무를 맡긴 것이었다.

박두병이 이원 체제를 갖춰 맥주 생산은 동양맥주가, 판매는 두산산업이 하도록 한 것은, 양사의 시너지 효과를 통해 이익을 극대화하고 더욱 전문화된 사업 능력을 배양하기 위한 수준 높은 전략이었다. 즉 동양맥주는 생산에만 주력해야 고객의 입맛에 맞는 최고의 맥주를 만들 수 있을 것이고, 두산산업은 무역업체로서 판매 시스템을 확충해 미래에는 맥주까지 해외로 수출할 수 있는 발판을 마련토록 하겠다는 포석이 깔려 있었던 것이다.

이렇게 박두병은 걸음마 수준의 사업에 동양맥주와 두산산업이라는 쌍두마차를 앞세워 양날개를 펼쳤다. 바퀴만 달면 날아오를 준비가 된 비행기 동체를 갖춘 셈이었다.

"이제부터는 품질 개선이다."

박두병은 한국 최고의 맥주를 만들고 싶었다. 그는 전쟁 직후 공장 복구가 한창일 때도 별도의 실험실을 두어 연구원들로 하여금 맥주의 품질 개선에 힘쓰도록 했다. 1955년에는 이 실험실을 연구실로 승격시켜, 품질 개선 시스템을 크게 확충했다.

"맥주는 맛으로 승부해야 합니다. 신선한 감각과 산뜻한 맛을 느낄 수 있는 맥주를 개발토록 하세요."

박두병은 연구실 연구원들에게 늘 이렇게 강조했다.

어느 날 아들 박용곤朴容昆이 박두병에게 말했다.

"제 친구 선우일이라고 있지 않습니까? 재능이 있는 친구이니 연구원으로 쓰면 좋을 듯싶습니다."

선우일은 박용곤의 해군 동기였으며, 그즈음 서울공대 화학과 졸업을 앞두고 있었다.

"부산에 있을 때 용오와 용성이의 과외를 가르치던 그 학생 말이냐?"

박두병도 전부터 선우일을 눈여겨보고 있었다. 장남 박용곤과 친구라 종로구 연지동 집도 자주 드나들곤 했기 때문에 얼굴까지 기억하고 있었다. 더군다나 부산 피난 시절 둘째 아들 박용오朴容旿와 셋째 아들 박용성朴容晟의 과외 선생이었으므로 인간성까지 파악하고 있었다.

"네! 이번에 졸업을 하는데, 다른 회사에 빼앗기기 아까운 친굽니다."

박용곤은 절친한 친구라서 선우일을 추천한 것이 아니라, 그의 능력을 믿었기 때문에 후일 자신과 함께 일할 파트너로 생각하고 있었던 것이다.

"나도 부산에 있을 때부터 그 학생을 눈여겨보고 있었다. 네가 책임지고 우리 회사 연구원으로 입사시키도록 해라."

박두병은 아들 박용곤을 믿었고, 선우일을 국내 맥주 기술자로 키우고 싶었다.

그래서 박두병은 우선 외국 기술자를 초빙해 국내 연구원들로 하여금 기술을 익히도록 한다는 계획을 세웠다. 이에 따라 1955년 2월 독일 맥주 양조 전문 기술자인 루돌프 쇼테가 동양맥주의 새로운 양조 기술자로 초빙되었다.

"맥주는 사람이 마시는 것입니다. 따라서 청결이 제일 중요합니다. 공장이 깨끗해야 제품도 청결을 유지할 수 있습니다. 그래야만 맥주의 신선한 맛을 소비자들이 느끼게 됩니다."

쇼테가 동양맥주 영등포공장을 둘러보고 나서 터뜨린 제일성이었다.

마침 연구실 신입사원으로 입사한 선우일이 독일어를 할 줄 알았으므로 쇼테의 통역을 맡았다.

동양맥주 영등포공장의 분위기는 많이 달라졌다. 쇼테의 청결제

일주의는 강한 설득력을 발휘하고 있었다. 공장 내부는 청소를 자주 해 전보다 더욱 깨끗해졌다. 그러한 깨끗한 분위기에서 일을 하다 보니, 종업원들이 일에 임하는 자세도 달라져 작업 능률이 크게 상승했다.

한편 1955년 9월에 미국에서 20만 달러어치의 최신 자동 제품 설비가 들어와, 종래의 수동식 제품 라인에 자동식 제품 라인이 새롭게 추가되면서 동양맥주는 본격적인 양산 체제로 들어가게 되었다. 자동식 제품 라인의 도입은 제품의 양산뿐만 아니라 품질 향상에도 크게 기여했다.

쇼테는 맥주의 품질을 결정하는 원료 선정에서부터 배합까지, 그리고 각 공정에서의 품질 관리를 위한 기술적인 방법, 양조병의 개선과 소독·살균·효모 배양법 등등 다양한 분야에서 기술을 전수해 주었다.

박두병은 쇼테와 함께 공장을 자주 돌았다. 그들은 현장에서 맥주 맛을 직접 보며 대화를 나누었다.

"맥주 맛이 정말 신선하고 좋군요. 이런 좋은 맥주를 만들어주어서 정말 고맙소."

박두병이 쇼테에게 말했다.

"6개월만 연장해 주시면 더 좋은 맥주를 만들 수 있습니다. 사장님, 부탁드립니다."

쇼테의 당초 계약 기간은 1년이었다. 그러나 그는 한국이 너무 좋아 아예 가족까지 데리고 와 있었다.

"좋습니다. 그 대신에 나도 부탁할 것이 있습니다. 독일로 돌아가실 때 우리 연구원을 동행시켜 주십시오. 독일의 맥주공장에서 견습할 수 있는 기회를 마련해 주신다면 6개월 연장 근무를 적극 고려해 보겠습니다."

박두병의 말에 쇼테도 흔쾌히 대답했다.

"좋습니다. 6개월 연장 근무를 하면서 지금보다 맥주의 품질을 더 향상시킬 수 있도록 노력하겠습니다."

이렇게 해 쇼테는 동양맥주에서 1년 6개월간 근무하고 독일로 떠났다. 이때 연구원 선우일이 동행하게 되었는데, 이것은 박두병이 그를 국내 맥주 전문 기술자로 키우기 위해 특별히 추천한 것이었다.

"한국의 맥주 생산 공업을 언제까지나 외국인 기술자의 손에 맡겨둘 수는 없네. 남의 손에 의존하는 기술은 곧 정체를 뜻하기 때문이지. 우리는 정체가 아니라 발전을 거듭해야 하네. 달리는 데 그치는 것이 아니라 날아야 할 때란 말일세. 이제는 한국인 기술자를 양성할 단계네. 자네가 그 일을 맡아주었으면 좋겠네."

그렇게 박두병은 선우일을 장기 해외 연수 보내기로 결심했다.

선우일은 1956년 8월부터 2개월간 독일 엘프쉬로스 맥주공장에서 견습을 마친 후, 곧바로 뮌헨공과대학에 입학해 4년 동안 양조학을 전공한 후 돌아왔다.

이로써 OB맥주는 날아오르기 위한 준비를 완전히 마친 셈이었다. 동양맥주와 두산산업이라는 쌍두마차가 생산과 판매의 양날개를 펼친 데다, 독일의 정통 맥주 기술을 직접 배워 와 바퀴를 달게 되었다. 이렇게 양날개와 바퀴까지 달았으니, OB맥주는 이제 '한국 맥주 시장'이라는 활주로를 달려 고공비행할 조건을 모두 갖춘 셈이었다. 연료만 가득 부으면 바로 하늘로 날아오를 수 있게 된 것이었다.

두산의 장수비법 ⓮

상대보다 두 배 이상 노력하라

기업의 성장 엔진은 기술, 자본, 사람이라고 할 수 있다. 박두병은 이 세 조건을 두루 갖추기 위해 부단한 노력을 기울였고, 그 토대를 가장 이른 시기에 마련함으로써 걸음마 단계에 있던 동양맥주를 달리게 만들었다. 그리고 더 나아가 달리는 것만으로는 시장을 점유할 수 없다고 판단해 하늘로 날 수 있는 기틀을 다졌다. 이러한 기틀을 다지기까지 기업은 고통스러운 시간을 보내며 끊임없이 노력하지 않으면 안 된다. 열악한 조건 속에서 경쟁해야만 하고, 경쟁사보다 더 일찍 모든 조건을 완벽하게 갖추어야 하기 때문이다. 박두병이 누구보다 먼저 맥주의 첫 생산에 돌입하고, 시설과 기술과 인력을 확충하는 데 전력을 다한 까닭은 선두주자인 조선맥주를 앞지를 방법은 속도전밖에 없다고 생각했기 때문이다. 2등 주자가 1등 주자를 따라잡으려면 상대보다 두 배, 아니 그 이상의 노력을 기울여야 한다는 것을 일찍부터 터득한 것이다.

15

적도 어려움에 처하면 도와줘야 한다

달리기나 수영 등 기록 경기에서 라이벌이 없으면 신기록을 수립하기가 쉽지 않다. 마라톤을 할 때 맨 앞에서 독주하는 선수는 외롭다. 경쟁 상대가 없기 때문에 더욱 빨리 달릴 수 있는 힘이 있어도 최선을 다하기가 어려우므로 기록을 경신하기 어렵다.

선두주자로서의 '독주獨走'는 자랑스러운 일이기는 하나, 자칫하면 자신을 취하게 만드는 '독주毒酒'가 될 수 있음을 알아야 한다. 자신이 최고라는 생각에 오만해질 수도 있고, 그래서 더욱 갈고닦아야 함에도 불구하고 게으름을 피우기 쉽다.

기업이 발전 가도를 달릴 때 가장 바람직한 것은 라이벌 기업과 거의 대등한 입장에서 경쟁을 펼치는 것이다. 그러면 양사가 긴장 감을 가지고 서로 1등 주자로 나서기 위해 노력할 것이고, 품질 향상 시스템이나 고객 서비스 체계 또한 더욱 좋아져 '윈-윈win-win' 하는 관계가 성립되기 때문이다.

동양맥주와 조선맥주의 경쟁은 날로 심화될 수밖에 없었다. 두 회사는 숙명적 라이벌 관계였다. 양사의 치열한 경쟁은 급기야 판로 확보에만 급급한 나머지 맥주 대리점들이 생산자 공급 가격 이하로 판매를 하는 사태까지 이르렀다. 이렇게 되자 전국 각지의 대리점 중에서 도산을 하는 곳이 속출했고, 그것을 막기 위해 대리점의 적자분을 본사에서 일부 보전해 주는 불합리한 사례도 발생했다.

이러한 대리점들의 덤핑 행위는 양사 모두에 큰 손해를 끼쳤다. 계속해서 비합리적인 경쟁 구도로 나가다가는 공멸해 버릴 수 있다는 위기감에 봉착했다.

특히 조선맥주는 생산 초기부터 선두주자로서 맥주 시장을 이끌고 있었으므로, 해를 거듭하며 시장점유율을 경신하는 동양맥주의 추격에 바짝 긴장하지 않을 수 없었다. 그래서 본의는 아니었지만 조선맥주 본사에서 대리점 영업의 덤핑 행위를 조장하기도 했다.

박두병은 과열 경쟁을 지양하고 공정한 거래를 통한 시장 질서 확립만이 양사 모두가 살아남을 수 있는 유일한 길이라고 생각했다. 그래서 그는 공생 경영의 기틀을 마련하기 위해 양사 대표자 협상을 제의했다.

1955년 9월, 조선맥주 사장 민덕기閔德其도 박두병의 제의에 찬성하고 협상 테이블에 나왔다.

"오늘 이 모임의 취지는 대리점들의 과열 경쟁을 방지하기 위한 것입니다. 이제부터라도 서로가 손해를 보면서까지 과열 경쟁을 벌이는 일은 지양해야 할 것입니다. 계속적인 출혈경쟁은 양사가 공멸하는 결과를 낳을 것입니다. 따라서 이 모임의 목적은 앞으로 양사가 할 수 있는 범위 내에서 선의의 경쟁을 하는 최선의 방법을 찾아보자는 데 있습니다."

박두병이 먼저 협상 제안 요지를 설명했다.

"좋습니다. 먼저 조건을 제시하시지요."

조선맥주 측에서도 막심한 손해를 보고 있었기 때문에 협상 자체에 대해서는 찬성하는 분위기였다. 문제는 어떤 조건으로 대리점 덤핑 행위를 막을 것이냐 하는 점이었다.

"두 회사가 생산하는 맥주를 공동으로 판매하고, 그 이익을 배분하는 것이 어떻겠습니까?"

"맥주의 공동 판매에는 찬성합니다. 그러나 지금 현재 우리 조선맥주의 시장점유율이 동양맥주보다 높은데, 이익 배분율은 어떻게 정하는 것이 좋을까요?"

민덕기는 가장 민감한 문제를 들고 나왔다.

"지금 이 추세로 나간다면 곧 우리 동양맥주가 조선맥주의 시장점유율을 따라잡을 수 있습니다. 어쩌면 우리가 앞설 수도 있습니다. 그러므로 공평하게 50대 50으로 이익 배분을 하는 것이 어떻겠습니까?"

박두병은 오래도록 고민해 오던 조건을 제시했다.

"그렇게는 곤란하지요. 협상은 지금 현재의 시장점유율을 기준으로 하는 것이 원칙 아니겠습니까. 앞으로 어떻게 변할지 모르는 것까지 협상 조건에 포함시킬 수는 없습니다. 지금 현재의 시장점 유율대로 이익을 분배한다면 모를까, 50대 50은 곤란합니다."

민덕기의 이러한 협상 원칙은 어쩌면 당연한 논리라고 할 수 있었다. 따라서 반박의 여지가 없었다.

그러나 박두병의 생각은 달랐다. 1955년 당시 동양맥주의 시장점유율은 44.8퍼센트로 상승 추세에 있었으므로 2~3년 후에는 조선맥주의 시장점유율을 역전시킬 수 있을 것이라 자신하고 있었다. 따라서 50대 50의 조건이 성립된다면 동양맥주 측에 당장은 이득이 될지 모르나 2~3년 후부터는 손해를 볼 가능성도 높았다. 그래서 양사가 서로 조금씩 양보하면 될 것이라고 생각했지만, 결국 이 협상은 결렬되고 말았다.

박두병은 그래도 과당경쟁을 피하고 맥주업계의 공동 발전을 기하기 위한 노력을 게을리하지 않았다. 1956년 초에 그는 동양맥주 · 조선맥주, 그리고 부산에서 합성맥주를 생산 · 판매하는 대선발효의 3사 회동을 주도해 한국 최초의 맥주 제조업자 협의체인 '대한맥주공업협회'를 발족시켰다.

이렇게 해 대한맥주공업협회 초대 회장이 된 박두병은, 이 협회를 통해 동양맥주와 조선맥주 양사가 맥주의 정상 가격을 지키기로 한 '맥주 판매에 관한 규약'을 만들었다. 또한 대리점들로 하여금 대한맥주판매협회를 만들게 해 가격경쟁을 벌이는 일이 생기지 않도록 했다.

그러나 협회의 힘만으로는 과당경쟁을 막을 길이 없었다. 규약을 만들었다 하더라도 대리점들마다 그것을 제대로 지키는 일이 없었기 때문에 유명무실한 협회가 되고 만 것이었다. 처벌 규정까지 만들었지만, 저마다 규약을 어기는 바람에 현실적으로 그것을 적용하기가 매우 어려웠다.

동양맥주는 1957년 9월 유엔군에 공식 납품하기 전에 이미 시장 점유율에서 조선맥주를 앞서기 시작했다. 그리고 1958년부터는 동양맥주의 OB가 국내 맥주 시장의 주도권을 쥐게 되었다. 판매율에서 조선맥주의 크라운을 크게 역전시킨 것이다.

이렇게 되자 조선맥주는 초긴장 상태에 들어갔고, 양사의 과당경쟁은 더욱 심화될 수밖에 없었다. 당시에는 전반적인 불경기 탓에 맥주 수요가 기대만큼 늘어나지 않는 상황이었는데도 동양맥주의 역전은 양사 간의 판매 경쟁을 부채질하는 결과를 낳았다. 양사는 앞다투어 대리점에 대한 결제일도 연장해 주었을 뿐만 아니라 접객 업소에 대한 과다한 물량 공세, 각종 선전물의 무료 배포, 간판 제공, 시설 자금 지원 등의 마케팅 싸움을 벌여 본사의 재정 부담이 더욱 커졌다.

누가 이기든 이러한 무모한 싸움은 결국 양사에 막심한 손해를 끼칠 수밖에 없었다. 그야말로 무모한 출혈경쟁이었다. 결국 협정가격을 준수하는 것만이 맥주업계의 발전을 도모하는 길이라는 인식을 함께한 동양맥주와 조선맥주는 1958년 4월 양사 대표자 협상을 거쳐 '맥주판매협정'을 체결했다.

그런데 협정이 조인된 지 불과 몇 시간도 안 되어 서울과 대구에서 사채업자에게 담보로 제공했던 수만 상자의 크라운맥주가 출하되는 사건이 발생했다. 당시 그 수량은 2~3개월치 판매량에 해당했기에, 이 사건은 엄청난 파장을 불러왔다. 모처럼 양사가 합의한 맥주판매협정이 불과 몇 시간 만에 한갓 물거품이 되어버리고 만 것이다.

"배신자들 아닙니까? 이것은 분명 맥주판매협정을 미리 알고 사전에 전략적으로 대량의 맥주를 출하시킨 것입니다. 명색은 사채업자가 담보로 잡고 있던 맥주를 시장에 내놓은 것이라지만, 결국 조선맥주가 뒤에서 사건을 조장한 것임은 불을 보듯 뻔한 노릇입니다. 그런 회사와는 협상을 할 필요가 없습니다."

동양맥주 간부들 사이에서 분개의 목소리가 높아졌다.

그러나 박두병의 생각은 달랐다.

"흥분하실 필요 없습니다. 이런 때일수록 냉정하게 생각해야 됩니다. 힘센 사람이 허약한 사람과의 싸움 끝에 결국 이겼다 하더라도, 그 과정에서 힘센 사람 또한 옷이라도 찢어지거나 흙탕물이 튀었다면 둘 다 손해 아니겠습니까? 우리 동양맥주가 이제 피나는 노력으로 조선맥주를 이겨 판매 경쟁 우위를 확보하고 있다고는 하지만, 결국 시장 점유를 위한 치열한 쟁탈전에서 우리 역시 손해를 보고 있는 것도 사실 아닙니까? 어떻게 해서든지 현실적인 타협 방안을 마련해야 합니다."

박두병은 경쟁 상대를 적대적인 입장에서 보지 않았다. 선의의 경쟁을 추구하면서 공생·공영해야 한다는 것이 그의 생각이었던 것이다.

1958년 당시 조선맥주는 출혈경쟁으로 인해 자금난을 겪고 있었다. 경매 처분이 되느냐 법정 관리에 들어가느냐의 기로에 서 있었던 것이다.

결국 1958년 9월이 되자 조선맥주 사장 민덕기는 동양맥주 사장 박두병에게 비밀리에 만나자는 제의를 해왔다.

"이제는 더 이상 버텨나갈 자신이 없습니다. 박 사장, 우릴 좀 도와주시오."

민덕기의 말은 간곡했다.

"어찌하면 도울 수 있겠습니까?"

박두병도 막상 그렇게 되고 보니, 무엇을 어떻게 도울 수 있을지 막연했다.

"막막하기만 합니다. 박 사장이 그 방법까지 생각해서 도와주십시오."

민덕기의 절박한 요청을 박두병은 뿌리칠 수 없었다.

"함께 연구해 보도록 하십시다."

박두병은 그날 이후 장고를 거듭하며 조선맥주를 살릴 방법을 강구했다. 그는 조선맥주가 망해 생산을 중단하게 된다면 동양맥주도 결과적으로 손해라는 생각을 하고 있었다. 한동안 맥주 시장을 장악해 독주해 나갈 수는 있겠지만, 미래 맥주 시장의 확대에는 큰 도움이 되지 않을 것이라 판단한 것이다. 왜냐하면 사업이란 대등한 라이벌 관계 회사가 있어야 경쟁 구도 속에서 시장을 더욱 활성화시켜 공생·공영할 수 있다는 것이 그의 기업관이었다.

이러한 기업관을 토대로 박두병은 조선맥주를 살릴 다음과 같은 4단계 조치 사항을 강구해냈다.

첫째, 그동안 체납액 중 일부를 임대 보증금에서 납부한 후 재무부에 부탁해서 남은 체납 부분을 우선 동결하도록 하고 사채를 모은다.

둘째, 맥주주식회사를 신설하고 생산 설비는 조선맥주 공장을 대여하도록 한다.

셋째, 신설 회사의 사장은 민덕기로 하고 실무는 동양맥주가 맡는다.

넷째, 연간 수입은 할당해서 변제한다.

박두병은 이 안을 민덕기에게 내놓으면서 다음과 같이 말했다.

"아마도 이대로 3~4년 정도 하면 채무 부분은 완전히 환원될 수 있을 것입니다."

민덕기는 오래도록 생각한 끝에 박두병의 안에 따르기로 했다.

그러나 조선맥주 간부들이 강하게 반대를 하고 나서는 바람에 박두병의 안은 채택되지 못했고, 결국 조선맥주는 1958년 12월 법정 관리에 들어가게 된다.

법정 관리에 들어가자마자 조선맥주는 새로운 경영진 체제로 개편되었다. 그리고 이 새로운 경영진이 경쟁사인 동양맥주를 타도하고자 들고 나온 것이 소비자를 대상으로 '경품'을 내거는 것이었다. 당시 조선맥주는 3000만 환의 상금을 내걸고 적극적인 선전 활동을 펼쳐나갔다.

이때 박두병은 깊이 깨달은 바가 있었는데, 경쟁사와는 동반 성장을 위한 우호적 관계를 유지해야지 적대 관계가 되어서는 안 된다는 것이었다.

그러나 라이벌 회사가 출혈경쟁을 조장하여 시장 질서를 어지럽히자 대응 방법이 따로 없었다. 가만히 주시만 하고 있으면 그동안 어렵게 쌓아 올린 시장점유율을 한순간에 빼앗길 위험이 있었으므로, 맞불 작전으로 나가지 않으면 안 되었던 것이다.

동양맥주는 정면 대결이 불가피하다는 판단 아래, 4000만 환의 행운권 발행으로 맞섰다. 그러자 조선맥주는 한술 더 떠서 크라운맥주의 월 판매량을 알아맞히는 '2000만 환 크라운 퀴즈'를 추가했다.

그러나 조선맥주는 법정 관리 이후에도 계속 세금을 체납하다가 결국 관리인이 한일은행으로 변경되면서 과당경쟁이 중단되었다. 당시 동양맥주도 조선맥주와 과당경쟁을 벌이느라 사채까지 쓰고 있던 실정이어서, 행운권 경쟁이 이렇게라도 끝난 것을 천만다행으로 생각했다.

이러한 동양맥주와 조선맥주의 과당경쟁은 소비자들에게 맥주 메이커에 대한 부정적 이미지를 갖게 해 결과적으로 양사 공히 손해를 보고 말았다. 다만 양사 모두 새로운 방법론을 찾는 뼈아픈 반성의 계기가 되었다는 점은 불행 중 다행이었다.

1961년 2월, 양사 경영진은 수많은 회합을 거친 끝에 절충안으로 '한국맥주판매주식회사'를 설립하기에 이르렀다. 당시 OB맥주는 국내 맥주 판매량의 67퍼센트를 차지하고 있었으나 과당경쟁을 지양하고 업계 질서를 유지하기 위한 고육책으로 한국맥주판매주식회사를 통해, 일단 1962년 1년간 OB맥주와 크라운맥주의 출하 비율을 58대 42로 조정했다.

이에 따라 맥주의 과당경쟁은 진정되었으며, 그 이후 꾸준하게 수요가 늘어 양사 모두 생산 시설을 대폭 확충하는 등 1960년대 말까지 공동 번영 체제를 유지해 나갔다.

두산의 장수비법 ⑮

라이벌 기업과 동반 성장을 통해 공생의 길 모색

기업에 적자생존(適者生存)의 법칙이 통하지 않는 것은 아니지만, 결과적으로 라이벌 기업이 병렬적 관계를 유지하지 않고 어느 한 기업에 무릎을 꿇고 만다면 양사 모두에게 손해가 될 가능성이 높다. 어느 한 기업이 독주한다고 할 때, 그 기업은 경쟁 상대가 없어 긴장감을 잃고 새로운 상품 개발이나 시장 개척에 적극적으로 나서지 않게 된다. 따라서 소비자의 욕구를 불러일으켜 수요를 창출해야 하는 시장을, 서로 경쟁을 할 때보다 위축시킬 가능성이 높다.

박두병은 그러한 사실을 잘 알고 있었기 때문에 조선맥주와 대등한 경쟁을 벌이기를 원했다. 따라서 조선맥주가 법정 관리에 들어간 상태였지만, 동양맥주는 시장점유율에서 손해를 보면서까지 공동으로 '한국맥주판매주식회사'를 차려 과당경쟁을 잠재울 수 있었다. 그러자 수요가 급증해 새로운 생산 시설을 늘리는 등 양사 모두 동반 성장을 거듭할 수 있었다. 동반 성장이야말로 '공생의 기업 철학'인 것이다.

16

대중화를 통한 공급 확대로 새로운 수요를 창출하라

기업이 시장 쟁탈전을 벌일 때 자칫하면 공급이 수요를 초월해 라이벌 회사 간에 가격 인하 경쟁이 벌어질 위험이 있다. 그러나 때론 공급이 수요를 창출하는 경우도 있다. 특히 신제품 개발 시에는 공급이 먼저고 수요가 뒤따를 수밖에 없다.

기업은 늘 변화에 민감하게 대응해야 한다. 이노베이션이 기업의 생명을 보장한다. 따라서 신제품 개발은 필수적이고, 공급을 통해 수요를 창출하는 획기적인 전략을 구사하지 않으면 안 된다.

1960년대로 접어들면서 정부는 재정 확보를 위해 주세를 인상하기 시작했다. 주세를 인상하면 술값에 그 세가 포함되기 때문에 자연히 맥주 메이커들은 가격을 올리지 않을 수 없다.

박두병은 근심에 쌓인 얼굴로 전무 정수창과 마주앉았다.

"정 전무는 어떻게 생각하시오?"

정부의 주세 인상과 관련한 이야기를 나눈 끝에 나온 질문이므로 박두병이 무엇을 묻는지 정수창은 잘 알고 있었다.

"주세 때문에 지금 당장 맥주 판매량이 줄어들었고, 당분간은 이런 추세가 지속될 것으로 예상됩니다."

정수창의 말에 박두병은 고개를 끄덕거렸다.

"당분간이라? 그러면 먼 미래에는 어떻게 되리라 생각하시오?"

"얼마 지나지 않아 맥주 소비량이 크게 늘어날 것입니다. 그러므로 지금 당장 판매량이 줄었다고 해서 크게 걱정할 일은 아니라 생각합니다."

"나도 그렇게 생각하오. 지금이야말로 공장 시설을 확충할 때라 판단합니다. 맥주 수요가 크게 늘어난 다음엔 이미 늦소. 그때 가선 갑자기 시설을 확장하고 싶어도 할 수 없을 것이오."

박두병은 그러면서 정수창에게 세계를 한 바퀴 돌며 맥주 시장의 판도가 어떻게 변하고 있는지 살펴보자고 제안했다.

1963년 9월, 박두병은 정수창과 함께 유럽과 미국을 두루 둘러보는 시찰을 떠났다. 공장 시설 확장에 필요한 기계 도입을 위한 답사 여행이었다.

"최신 기계를 도입하려면 자금이 많이 들 텐데요?"

당시 동양맥주의 자금 사정을 잘 알고 있는 정수창은 은근히 걱정되지 않을 수 없었다.

"염려 마시오. 이번 여행은 그저 관광을 하는 정도로 가볍게 생각해도 좋아요. 세계 맥주 시장을 살펴보면서 식견과 안목을 넓히는 여행이니까 말이오. 정 전무도 그동안 고생 많았으니, 이 기회에 정신적 휴식을 취한다고 생각하면 되지 않겠소? 그저 편안한 마음으로 여행을 즐기도록 합시다."

박두병은 그렇게 가볍게 말했지만, 유럽을 방문했을 때 가장 먼저 서독으로 갔다. 전에 맥주 양조 전문가 쇼테를 주선해 준 함부르크 코스모스 엑스포트 회사를 찾아가 장차 시설 확장에 필요한 기계 도입을 위한 교섭을 시도한 것이다.

박두병에게는 정신적 안정을 취하는 게 여행의 목적이 아니었다. 본격적인 설비 확충을 위한 기계 도입이 목적인 비즈니스 여행이었다.

일단 박두병은 서독에서 기계 도입에 대한 운만 슬쩍 떼어놓고 곧바로 벨기에로 향했다. 그리고 영국·스위스·이탈리아 등을 거쳐 프랑스로 갔다. 파리 호텔에서 미리 약속한 서독의 코스모스 엑스포트의 전무 하제Hase와 만나기로 되어 있었던 것이다.

첫 만남에서 하제는 박두병에게 기계류의 목록과 견적서를 내밀었다.

박두병은 견적서를 훑어본 후 가격을 절반으로 깎았다.

"네에? 이건 너무한 것 아닙니까?"

하제가 놀란 눈으로 물었다. 옆에 있던 정수창도 무안해질 정도였다.

"그 이상은 안 됩니다."

박두병은 단호했다. 당시 동양맥주의 상황에서는 그 이상의 설비 투자는 무리라고 생각했던 것이다.

결국 교섭은 박두병이 원하는 대로 이루어졌으나, 그 대신 기계는 중고를 사용하기로 했다. 그가 제시한 값에 준하는 중고 기계였지만, 규격이나 성능 면에서는 크게 뒤떨어지지 않았다.

박두병과 정수창이 미국 여행까지 마치고 귀국한 것은 1963년 12월이었다. 장장 두 달에 걸쳐 세계 맥주 시장계를 둘러보고 온 것이다.

그리고 그다음 해인 1964년 2월에 서독 코스모스 엑스포트사의 하제가 시설 계획 협의차 내한했다. 그는 전무에서 부사장으로 승진해 있었는데, 협의는 순조롭게 이루어졌다.

이에 따라 1965년 봄부터 동양맥주는 본격적으로 공장 증설 작업에 돌입했다. 기존 생산능력을 3배로 확장하는 대대적인 설비 공사였다. 1966년 5월까지 계속된 제1차 증설 작업을 통해 냉각 장치·담금 장치·발효 시설·제품기 등 당시 한국에서는 최신의 주공정 설비들을 갖추었다. 이 밖에도 냉동 시설을 비롯해 용수 처리 시스템, 여과 장치 등 보조 부문의 시설까지 제대로 갖추었다.

이렇게 동양맥주가 시설을 확충하고 났을 때 정부에서는 1967년부터 제2차 경제개발5개년계획 재원 확보를 위해 계속해서 주세 인상을 단행했다. 1968년에는 맥주의 주세가 생산자 가격 대비 50퍼센트에 이르게 되었다. 결국 맥주의 소비자가격 인상도 불가피한 실정이었는데, 그렇다 보니 소비가 위축되어 판매량이 또다시 감소 추세를 그리기 시작했다.

　동양맥주는 1차 증설 공사에 소요된 자금을 상환해야만 했으므로, 자금난에 봉착하고 말았다. 뜻하지 않은 주세 인상으로 인해 일대 위기를 맞이하게 된 것이다.

　"병맥주는 가격이 비싸서 일반 소비자들에게 너무 부담이 큽니다. 고급 술집에서나 판매되고 있는 실정이니 싸게 공급할 수 있는 맥주를 개발해야 합니다. 병맥주보다 야외용으로 휴대하기 간편한 캔맥주와 비교적 값이 싼 생맥주를 개발해 맥주를 대중화시킬 필요가 있습니다."

　이미 박두병은 유럽과 미국의 맥주 시장을 둘러보며 '맥주 대중화 운동'을 벌이기로 마음먹고 있었다. 그래서 1차 증설 직후 캔맥주 생산 설비와 함께 생맥주 자동 주입기를 설치해 생산능력을 확충해 놓고 있었다.

　문제는 유통 과정에서 어떻게 생맥주의 신선도를 유지할 것인가 하는 데 있었으며, 생맥주 판매 업소를 늘려나가는 것도 관건이었다. 이에 따라 대형 냉장차를 도입하고 생맥주 기기의 설치 및 취급 요령을 전국 생맥주 업소에 교육시켰다. 동시에 'OB베어'라는 생맥주 시범 판매 업소를 개설하고, 생맥주 취급 업소를 대형화했으며, 각종 매스미디어를 통한 광고를 강화해 나갔다.

　이러한 맥주 대중화 운동에 힘입어 1966~1967년에 약 2퍼센트에 불과하던 생맥주 판매 비율이 1969년에는 9퍼센트, 1970년대에 들어서면서는 10퍼센트대에 이르게 되었다. 이에 따라 생산 설비

자금을 충분히 확보한 동양맥주는 1970~1971년 사이에 기존 생산 능력을 2배로 증대하는 2차 증설 공사를 완료할 수 있었다.

2차 증설 공사의 특징은 자동화였다. 담금 장치와 제품기를 완전 자동화했으며, 이에 따라 동양맥주는 연 700만 상자의 대규모 생산능력을 확보하게 되었다. 뿐만 아니라 2차 증설을 하면서 환경 오염 방지를 위해 하루 처리 능력 1200톤 규모의 폐수 처리 시설도 갖추었다.

정부의 계속적인 주세 인상으로 기존 병맥주의 판매가 저조해지자, 박두병은 캔맥주와 생맥주의 대중화 전략으로 새로운 수요를 창출해내는 데 성공했다. 맥주를 싸게 공급해 일반 대중들의 맥주에 대한 인식을 바꾸어놓음으로써 맥주 시장을 활성화하는 데 기여했다. 거기엔 캔맥주와 생맥주가 큰 역할을 한 것이다.

그가 맥주 시장의 활성화를 위해 짠 또 다른 전략은 광고를 통한 '맥주의 사계화四季化 운동'이었다. 당시만 해도 맥주는 여름철에 즐겨 마시는 술로 인식되어 있었다.

"왜 맥주를 여름에만 마셔야 합니까? 사계절 모두 마실 수 있는 술이라는 걸 광고를 통해 적극 홍보하도록 하시오."

박두병의 지시에 따라 동양맥주는 광고를 통해 맥주의 대중화와 사계화 전략을 동시에 홍보하기 시작했다. TV 광고를 통해 '밝은 생활 속의 OB 가족'이라는 이미지를 심어나가는 한편, '계절을 마시자, OB맥주'라는 캐치프레이즈로 일간지에 집중적인 광고를 하기 시작했다. 이 광고로 여름철에만 국한되었던 맥주 소비 패턴을 바꾸어놓는 효과를 보았다. 계절과 관계없이 맥주 소비량이 크게 늘어나는 결과를 가져왔던 것이다.

두산의 장수비법 ⑯

혁신 통한 맥주 대중화 선언

공급이 때로는 수요를 창출해 더욱 큰 시장을 형성해 나가는 경우도 있다. 수요가 줄어들었다고 해서 공급을 줄인다면, 그동안 증강해 놓은 설비·기계는 녹슬고 생산 인력이 남아돌아 악순환을 거듭하게 될 것이다. 이에 박두병은 과감한 공격 경영으로 맥주 대중화를 선언함으로써 위기를 극복할 수 있었다.

어쩌면 기업은 혁신을 먹고산다고 할 수 있다. 혁신하지 않고 현상 유지에만 급급한 기업은 결국 고사하고 만다. 여기서 혁신이란 새로운 제품의 개발이며, 이를 통한 시장의 수요 창출이야말로 '기업'이라는 배를 순항하게 만드는 일종의 바다와 같다 하겠다. 즉 기업이 '배'라면 혁신은 '돛대'이고, 호황과 불황의 흐름이 지속되는 '시장'은 파도가 출렁이는 '바다'라 할 수 있다.

17

획기적인 품질 개선으로 세계시장을 공략하다

시장은 얼마든지 있다. 다만 아직 개척되지 않았을 뿐이다. 척박한 황무지도 개척만 잘하면 농사지을 수 있는 양질의 땅으로 만들 수 있다. 기후가 맞지 않는다면 종자를 개량해 조건을 맞출 수도 있다. 방법은 무궁무진하다. 문은 두드리라고 있는 것이고, 또한 두드리면 열리게 되어 있다.

성장하는 기업은 국내시장만으론 좁다. 그래서 대중화를 통해 소비자층을 확대하고 국내시장을 활성화한 후, 더 이상 국내에서 판매를 확장할 곳이 없다는 판단이 서면 세계시장으로 눈을 돌리게 되는 것이다.

글로벌 기업이 되기 위해서는 세계시장 진출이 필수적인데, 이때 가장 먼저 선결해야 할 부분이 품질 개선이다. 세계 유수의 동종 기업들과 대등한 경쟁을 벌이기 위해서는 제품의 질로 승부할 수밖에 없기 때문이다.

동양맥주는 전후 복구 공사 이후 처음 맥주를 생산할 때부터 제품의 질에 부단히 신경을 써왔다. 왜냐하면 당시 국내 소비자들은 국산 맥주보다 외국 맥주를 더 선호하는 경향이 있었기 때문이다. 당시에는 맥주뿐만 아니라 모든 소비재에 대한 외제 선호도가 높았던 것이 사실이다. 이러한 현상이 실제로 제품 판매에 지대한 영향을 미치고 있었으므로, 국내 소비재 제조 업체들은 이에 대한 대비가 절실했다. 그래서 박두병은 1955년 독일 양조 전문 기술자 쇼테를 데려왔고, 또 그가 1년 6개월의 체류 기간을 마치고 귀국할 때 선우일을 독일로 보내 장기 연수를 시킨 것이었다.

박두병은 단 한시도 제품 개발에 소홀할 수 없다고 생각했다. 따라서 전후 맥주 생산 재개 이후 '라거 비어 Lager Beer' 한 종류만 생산하던 것을 양조 기술자 쇼테로부터 제조 기술을 도입하면서부터 다양화하기 시작했다. 그 결과 1955년 7월에 알코올 함량 1퍼센트의 청량음료성 맥주 '몰트 비어 Malt Beer'를, 이어서 9월에는 단물과 담색 맥아를 사용한 '필젠 비어 Pilsen Beer'와 향기·색깔을 강조한 '복크 비어 Bock Beer' 등을 개발했다.

"신제품 개발은 계속돼야 합니다. 그것이 곧 경쟁력입니다."

박두병은 쇼테를 위시한 연구원들에게 이 말을 누누이 강조했다. 당시 조선맥주와의 경쟁에도 신경을 썼지만, 맥주의 품질을 크게 개선시켜 외국 맥주를 선호하는 국내 소비자들까지 고객으로 끌어들이고, 더 나아가서는 세계시장으로 진출하겠다는 꿈을 품고 있었다.

1956년에 들어서면서 동양맥주 연구실은 새로운 상품 개발에 박차를 가하고 있었다. '시날코 맥주'를 만들려는 것이었다.

"시날코가 뭐요?"

박두병이 쇼테에게 물었다.

"알코올 성분이 없다는 뜻입니다."

"알코올 성분이 없는 맥주라?"

박두병은 한참 생각하다가 고개를 끄덕였다.

"분명히 시장성이 있다고 생각합니다."

"으음, 술을 전혀 마시지 못하는 고객도 끌어들이겠다는 것 아닙니까? 좋아요. 소비자층이 두터울수록 시장은 더욱 넓어지는 것이니까. 그런데 알코올 성분이 없는데도 맥주의 맛을 그대로 살릴 수 있단 말입니까?"

박두병의 질문에 쇼테가 대답했다.

"물론입니다. 그래야 시장성을 확보할 수 있으니까요."

이러한 동양맥주의 신제품 개발과 제품의 질을 개선하려는 노력은 곧 국내 소비자들에게도 그대로 전해져 판매 또한 크게 신장되는 효과를 가져왔다.

더구나 1957년 11월부터는 동양맥주가 마침내 주한 유엔군에 공식적으로 납품하게 됨으로써 OB맥주의 품질을 외부로부터 인정받는 계기가 되었다. 그동안 주로 외국 맥주만을 마셔온 주한 유엔군들의 입맛에도 OB맥주가 통했다는 소문이 돌자, 국내 맥주 시장 소비자들의 반응도 뜨거워진 것이다.

주한 유엔군 납품을 계기로 동양맥주는 1963년 2월, OB맥주를 미국에 첫 수출하는 쾌거를 이룩했다. 주둔하던 미군들이 자국으로 돌아가서 OB맥주를 찾기 시작한 것이다.

"워싱턴의 밀턴 S. 크론하임에서 우리 OB맥주를 보내달라는 주문이 들어왔습니다."

간부들의 이러한 보고를 받은 박두병은 드디어 소원하던 꿈이 이루어졌음을 실감하고 크게 기뻐했다.

"미국도 우리 OB맥주의 맛을 인정해 주었군!"

당시 해외 주문량은 불과 105상자여서 양적으로 의미 있는 성과는 아니었지만, 미국 땅에 한국산 맥주가 처음으로 상륙한 역사적 사건임은 틀림없었다.

박두병은 1966년 5월 20일 동양맥주 창립 14주년을 기념해 서울 신문회관에서 '맥주의 세계'를 주제로 한 전시회를 열도록 지시했다.

"맥주의 역사와 제조 방법, 그리고 우리 동양맥주의 최신 설비 같은 것을 아주 소상하게 소개할 기회를 마련코자 하는 것입니다. 이제는 '맥주의 세계화'입니다. 이 전시회를 통해 동양맥주가 세계적인 맥주임을 알림은 물론 세계의 맥주 산업을 누구나 한눈에 볼 수 있도록 소개해야 합니다."

박두병은 '맥주의 대중화' '맥주의 사계화'에 이어, '맥주의 세계화'에 대한 일성을 터뜨렸다. 이러한 자신감은 그 스스로 OB맥주의 품질에 대한 확신에서 온 것이라 할 수 있었다.

당시 신문회관에서 열린 '맥주의 세계' 전시회는 5일 동안 대성황을 이루었는데, 하루 평균 1만 명이 넘을 정도로 관람자가 쇄도했다.

이러한 이벤트 직후 대외 수출의 길이 열리면서 동양맥주는 1966년에 베트남·대만, 1966년 말에는 일본·홍콩·미얀마 등 아시아 각국과 피지아일랜드 등 다양한 나라에서 주문이 들어왔으며 그만큼 수출량도 대폭 늘어났다.

특히 1965년 베트남전에 한국군이 파병되고 나서 그다음 해인 1966년부터 베트남에도 본격적으로 OB맥주를 수출하기에 이르렀다. 국내시장에서와 마찬가지로 베트남에서도 동양맥주는 조선맥주와 수출 비율이 5대 5에 이르는 치열한 판매 경쟁을 벌였다. 베트남으로 나가는 물량의 경우 비록 수출이긴 해도 파병된 한국군에게 주로 납품되는 것이었으므로 품질이나 가격 측면에서 아직 외국 맥주들과 경쟁하기는 어려운 상황이었다.

그럼에도 동양맥주는 1967년부터 베트남에서 조선맥주의 수출량을 앞지르기 시작했다. 1968년에는 무려 2년 전보다 15배나 수출 물량이 신장되는 놀라운 기록을 세웠다.

하지만 베트남은 열대우림지역인 데다 당시 전쟁이 벌어지고 있던 탓에 운송 과정에서 파손·변질되는 사례가 많았으며, 가격도 유엔 납품 가격보다 낮게 책정되어 적자 수출을 면치 못했다. 당시 동양맥주는 생산과 판매를 분리해 두산산업을 통해 수출하고 있었는데, 적자임에도 베트남 수출에 전력을 기울인 것은 장기적인 관점에서 잠재적 소비 시장을 확대하기 위해서였다. 다시 말해 장차 한국군이 아닌 베트남 현지인들에게 판매하겠다는 목표가 있었던 것이다. 또한 파월 한국군도 귀국하면 곧바로 국내 수요자가 될 것이므로 확실하게 OB맥주에 맛을 들이게 해 영구적인 소비자로 만들겠다는 전략이었다.

1960년대 후반에는 사실상 베트남 이외의 해외 수출도 거의 같은 수준에 머물러 있었다. 그러한 소량의 수출로는 외화 획득에 큰 보탬이 되지 못한 게 사실이다. 그러나 세계 각지의 소비자들에게 OB맥주의 맛을 꾸준하게 선보임으로써 한국의 동양맥주 기술이 국제 수준이라는 이미지를 깊이 심어주는 데 궁극적인 목표를 두었다.

그 가운데 1960년에 발족한 양조연구소는 꾸준히 맥주 품질 향상을 위해 노력을 기울여나갔다. 그리고 수출 시장이 크게 확대되던 1968년에 OB맥주는 유럽의 벨기에서 열린 세계맥주콘테스트에서 입상해 그 품질이 세계적 수준에 도달했음을 인정받았다. 또한 신제품 개발에 심혈을 기울여 그해 6월 21일에 국내 최초로 도르트문트 타입의 맥주를 개발하는 데 성공했다.

두산의 장수비법 ⑰

신제품 개발과 품질 향상으로 맥주의 세계화를 주도하다

박두병이 맥주의 품질 향상과 신제품 개발에 특별히 신경을 쓴 까닭은 '맥주의 세계화'에 목표를 두었기 때문이다. 그는 동양맥주 창립 초기부터 맥주의 품질 향상을 통해 국내시장에서 외국 맥주를 추방하겠다는 목표를 세웠으며, 더 나아가 해외시장 진출에 성공, 글로벌 시장에서 당당하게 세계 유명 브랜드의 맥주와 경쟁하겠다는 야망이 있었다. 품질의 향상은 곧 세계화와 다르지 않았던 것이다.

18 주력 사업을 키우면 부대사업도 동반 성장한다

나무는 자라나면서 스스로 가지를 뻗어가며 제 모양새를 갖추어간다. 보이지 않는 땅속의 뿌리 모양도 그 가지를 보면 예측할 수 있다고 한다. 나무의 뿌리와 가지는 대칭을 이루고 있어서, 뿌리가 튼튼하게 땅속으로 잘 뻗어 내린 나무는 가지도 제대로 모양을 갖춰 하늘로 쑥쑥 뻗어 올라간다는 것이다. 나무가 가지를 많이 치며 무성하게 자라나는 이유는 그 가지 끝마다 열매를 많이 맺어 종족 보존을 하기 위해서다. 지속적으로 생명력을 유지하기 위한 나무의 열정이 그런 모습으로 표현된 것이라 봐도 좋을 것이다.

이와 마찬가지로 기업도 어느 한 분야의 사업을 집중적으로 키워 나가다 보면 부수적으로 그와 관련한 사업들이 필요해진다. 그래서 기업들이 사업을 하다 보면 다양한 형태로 발전해 나가게 되는데, 부대사업이 주종 사업보다 더 번성하면 흔히 '문어발식 기업'이란 비판을 받는다. 그러나 기업의 속성상 부대사업은 자연발생적으로 생겨나게 되어 있다.

제조업을 하려면 필수적으로 공장 설립부터 해야 하므로 건설이 매우 큰 부분을 차지한다. 박두병은 한국전쟁 이후 동양맥주 공장 복구 작업을 하면서 건설의 중요성을 크게 절감했다. 더군다나 맥주의 수요가 크게 늘어나면서 계속적으로 설비 증축을 해야만 했기 때문에 매번 건축비가 만만찮게 들어갔다.

"이렇게 건설비가 많이 든다면 차라리 건설회사 하나를 차리는 게 낫겠군. 앞으로 사업을 확장하려면 맥주공장뿐만 아니라 다른 공장도 계속 지어야 하지 않겠는가?"

박두병은 장차 건설업이 크게 발달할 것이라 생각했다. 자체 공장 건설뿐만 아니라 정부의 사회간접자본 부문 투자가 크게 확대될 전망이어서 건설업의 미래는 아주 밝았다.

어느 날 박두병은 동양맥주 영선과 과장 한상억을 불렀다.

"앞으로 공장의 개보수, 상하수도 건설, 사택 보수 등 건설과 관련한 공사들이 많이 늘어날 것이네. 이참에 영선과를 확대해 건설회사를 설립하려 하니 자네가 좀 맡아주게."

"건설회사를 차리면 자체 공사만 가지고는 곤란하고 외부 업체의 공사도 수주해야 하지 않겠습니까?"

"물론이지. 이미 동양맥주 자체 공사로 건설 시공 능력을 쌓아

왔으니까, 영선과를 좀 더 확대하는 형식으로 건설회사를 설립할 생각이네. 당분간은 자체 공사만으로도 벅찰 만큼 앞으로 벌일 사업이 많이 있으니, 시공 능력을 확실히 쌓으면 정부 발주 공사도 따낼 수 있을 것이네. 건설회사 이름은 동양맥주의 '동(東)' 자와 두산산업의 '산(山)' 자를 따서 '동산토건'으로 하는 것이 어떤가?"

박두병은 마음속으로 건설회사 이름까지 정해 놓고 있었다.

이렇게 해 1960년 7월 1일, 동산토건주식회사가 설립되었다. 설립 초기 3년 동안은 주로 그 전부터 해오던 동양맥주 영등포공장의 개보수를 비롯한 내부 공사에 주력했다. 그러면서 1961년 5월에 강화도 동락천 개수 공사, 같은 해 10월에 문래동 한국미곡주식회사 창고 신축 공사 등 외부 공사를 수주해 착실하게 건설 시공 능력을 쌓아나갔다. 그리고 1964년 3월에 드디어 미8군 부평지구 보급창 보수 공사를 수주하면서 동산토건의 이름이 외부에도 조금씩 알려지기 시작했다.

건설은 여러 기술이 종합된 사업이기 때문에 기존의 토목·건축업 면허만으로는 다양한 공사를 수주하기가 어려웠다. 그래서 동산토건은 1966년 7월 전기 공사·설비 공사 면허를 추가함으로써 수주 영역을 크게 확대해 나갔다.

동산토건이 자력 성장을 할 수 있도록 해준 결정적인 공사는 망우에서 이문 간 무연탄 하치장 공사였다. 이 공사는 1964~1968년 사이 동산토건의 총 도급액 가운데 32퍼센트를 차지할 만큼 당시로서는 매우 큰 공사였다. 이어서 1968년에는 포항제철 인입선 토공 및 기타 공사를 수주해 다양한 시공 경험과 기술을 축적할 수 있었다.

1970년 7월 건축연구소를 발족시키면서 동산토건은 각종 은행 건물과 전자공장을 수주해 성가를 높였다. 당시 전반적으로 건축업계가 불황을 겪고 있었음에도 미원빌딩·호남식품 공장·한국나일론(현 코오롱) 구미공장 등 대형 민간 공사를 계속 수주하는 데 성공해 국내 건설업계의 유력한 업체로 떠오르게 되었다.

박두병은 동양맥주 공장의 설비 증축을 여러 차례 하면서 건설 못지않게 많은 자금이 소요되는 분야가 기계임을 모르지 않았다. 건설의 개보수 작업을 영선과에서 맡았던 것처럼 기계의 개보수 작업은 공무과에서 담당하고 있었는데, 동양맥주의 영선과를 확대해 동산토건 설립이 성공하자 다시 공무과를 분리·독립시켜 기계제작회사를 설립키로 했다.

정부는 1962년부터 1966년까지 제1차 경제개발5개년계획을 성공적으로 마무리하고 곧바로 제2차 경제개발5개년계획을 수립했다. 제1차 계획에서 전력·석탄·정유 등 에너지 산업과 기간 산업 및 사회간접자본 확충에 중점을 두었다면, 제2차 계획에서는 석유·금속·기계공업 등 중화학공업 건설에 총력을 기울이기로 했다.

이때 박두병은 전부터 꿈꾸던 기계 제작 분야로 진출할 절호의 기회라고 판단했다. 1967년 제2차 경제개발5개년계획이 시작되던 해에 동양맥주 공무과 사업을 확대해 윤한공업사를 설립했다. 설립 초기에는 기존에 해오던 영등포공장의 제품기 수리 공사를 비롯한 관계사의 시설 개보수 공사를 시행하는 수준에 그칠 수밖에 없었다. 그러나 정부가 1967년 기계공업진흥법을, 1969년 기계공업육성자금취급규정 등 일련의 지원책을 적극 추진해 기계공업의 성장을 촉진하면서 매출 증대와 함께 자립 기반을 형성할 수 있었다.

윤한공업사는 1968년에 영업 종목을 자동차 정비 사업과 전기 가공 사업으로 확대했다. 그리고 1969년에는 삼학산업에 국내 최초로 소주 자동 생산 시설을 설치하면서 외부 공사 수주의 물꼬를 텄다.

이렇게 되자 그동안 동양맥주 영등포공장의 한쪽 편에 사업장을 마련했던 윤한공업사는 1970년 11월 고척동에 별도의 공장을 건설해 이전했다. 그 이후 동양맥주 2차 증설 공사를 비롯해 한양식품·호남식품·동남식품 등 음료회사의 포장 기계 설치 및 조립 공사를 수행했다. 이러한 공사를 통해 특히 음료회사 식품 포장 부문에서는 독보적인 기술을 보유하게 되었다.

그런데 윤한공업사가 공장을 짓고 이사를 한 지 2년 만인 1972년 8월 20일, 경인 지역을 강타한 대홍수로 고척동 일대가 침수 위기에 처하는 사태가 벌어졌다. 공장이 침수될지도 모른다는 불안 때문에 임직원들은 하루 종일 물과 싸워야만 했다. 저녁이 되자 고척동 일대는 물바다가 되었고, 공장 역시 물에 잠길 위기에 처했다. 이렇게 되자 사무직·기능직 구분 없이 기계가 침수되는 것을 막기 위해 필사적으로 모래주머니와 가마니를 쌓아 공장 안으로 밀려드는 물을 막기에 여념이 없었다.

뒤늦게 소식을 듣고 현장으로 달려온 박두병이 임직원들을 향해 소리쳤다.

"공장의 전기를 모두 차단하시오. 공장이 물에 잠겨 감전 사고라도 나면 큰일이 아니오."

전기까지 차단하자 공장은 캄캄해졌고, 그런 어둠 속에서 임직원들은 밤새워 폭우와 혈투를 벌였다.

"캄캄하니, 모두들 조심하시오. 사람이 다치면 안 되니, 너무 서두르지 말고 침착하게 행동들 하시오."

박두병은 공장이 물에 잠기는 것보다 종업원들이 다칠까 봐 더 걱정을 했다.

그때 문득 박두병의 뇌리에 한국전쟁 직후의 일이 떠올랐다. 당시 지리산에서는 무장 공비가 자주 출몰했는데 두산상회의 제3모터풀은 위험을 무릅쓰고 트럭을 운행했다. 그때 휘발유와 파라핀을 싣고 가던 트럭이 전라도로 향하다가 산청에서 무장 공비의 습격을 받았다는 보고가 들어왔다.

"그래서 어찌 됐나?"

박두병이 급히 물었다.

"차고 짐이고 모두 버리고 운전수만 겨우 살아 돌아왔습니다."

곁에 있던 임원들이 대답했다.

"그럼 됐어. 사람이 죽지 않았으니 불행 중 다행이지."

박두병은 안도의 한숨을 내쉬었다.

"현장에 버려둔 트럭과 화물이 걱정입니다. 우리가 현장에 내려

가봐야겠습니다."

"그만두게. 지금 트럭이 문제인가? 사람 생명이 중요하지."

박두병은 임원들을 만류했다. 그러나 기어코 임원 두 사람이 산청까지 달려가 타다 남은 트럭에서 엔진만 뜯어 가지고 돌아왔다.

"그깟 엔진 하나 건지려고 목숨을 걸어? 엔진은 만들면 되지만 사람이 죽으면 어쩌려고 그런 허튼짓들을 하나?"

박두병은 엔진을 들고 온 두 임원에게 호통을 쳤던 기억이 겹쳐졌다.

다행스럽게도 윤한공업사 공장은 위기를 넘겼다. 임직원들이 밤새워 물을 막은 결과 주위의 다른 공장들보다 피해가 비교적 적어서 사흘 동안 복구 작업을 한 끝에 정상 조업을 할 수 있었다.

전화위복이라는 말처럼, 윤한공업사는 대홍수를 겪고 나서 오히려 수주가 더 많이 들어왔다. 인근의 물에 침수된 공장들이 모두 기계를 교체하면서 주문량이 밀려들어 1973년 순이익이 2100여만 원을 기록해 전년도 손실을 만회하고 성장 기반을 탄탄하게 다질 수 있었다.

동양맥주는 1956년부터 청량음료인 OB시날코를 개발해 술을 마시지 못하는 소비자들에게 판매했다. 그러자 OB맥주를 간접 광고하는 효과까지 톡톡히 보았다. 또한 술은 마시지 못하지만 청량음료를 즐기는 청소년층을 OB시날코 소비자로 끌어들여, 이들이 성인이 되었을 때 자연스럽게 OB맥주를 즐기게 하는 데도 큰 기여를 한 것이 사실이었다.

그런데 1960년대에 들어와 OB맥주의 수요량이 크게 늘어나면서 생산 설비가 부족해지자 할 수 없이 OB시날코의 생산을 줄일 수밖에 없었다. OB시날코를 생산하던 기존 설비를 OB맥주 생산 라인으로 교체한 것이었다.

하지만 1962년 시행한 정부의 주세 인상은 맥주업계를 불황으로 이끌 조짐을 보였다. 이렇게 되자 동양맥주는 다시 청량음료 시장으로 눈길을 돌려, 순발력 있게 1962년 2월 미국 럭키콜라사와 원료 수급 계약을 체결하고 본격적으로 OB콜라를 생산했다. 여기에다 기존의 OB시날코까지 생산량을 늘려 두 가지 제품이 소비자들 사이에 확고하게 자리를 잡았다.

정부의 대폭적인 주세 인상으로 인한 맥주업계의 불황은 그리 오래가지 않았다. 1964년이 되자 맥주 판매량이 크게 증가한 것이다. 거기다 청량음료 시장 또한 유망 사업으로 자리를 잡으면서, 날로 판매가 늘어나고 있는 OB시날코와 OB콜라의 생산 설비를 증축해야 할 판이었다. 그렇다고 청량음료 때문에 다시 판매량이 늘어나고 있는 OB맥주 생산 라인을 전용토록 할 수도 없는 문제였다.

"용곤아, 네가 청량음료 사업체 발족에 힘을 보태야겠다."

박두병은 자신의 큰아들 박용곤에게 말했다. 당시 박용곤은 미국 워싱턴대학교 경영대학을 졸업하고 귀국해 한국산업은행에서 일하다가 동양맥주에 입사해 경영 수업을 쌓고 있었다.

박두병은 큰아들에게도 자신이 경영 수업을 위해 밟은 길을 그대로 따르게 한 것이다. 즉 경영대학을 졸업하고 일단 은행에 취직해 실무 경험을 익힌 뒤 사업에 참여토록 함으로써 철저하게 후계 교육을 받도록 했다.

"지금 OB맥주 생산 라인도 부족한데 청량음료 사업체 발족은 무리가 아니겠습니까?"

박용곤도 동양맥주의 현실을 잘 알고 있었기 때문에 자금 문제부터 걱정하였다.

"차관을 받으면 되니, 자금 문제는 걱정하지 않아도 된다. 우선 조사과를 신설해 별도의 청량음료 사업체 발족을 추진토록 해라."

박두병은 이미 새로운 사업을 위해 여러 가지 마음의 준비를 해 둔 마당이었다.

박용곤은 곧 동양맥주 내에 조사과를 신설하고, 세계적으로 잘 알려져 있으면서 주한 미군에 납품도 가능한 청량음료를 다각적으로 검토해 보았다. 그는 최종적으로 미국 내에서 잘 팔리는 청량음료인 코카콜라를 국내에 들여오기로 결정했다.

이렇게 해 1966년 5월 25일 박용곤은 한양식품주식회사를 설립하고, 대표이사로 취임했다. 그리고 이듬해 2월부터 서울시 구로구 독산동에 공장을 건설하기 시작했으며, 정부로부터 상업 차관 승인을 받아 일본 미쓰비시중공업에 기계를 발주하는 등 코카콜라 생산 준비에 박차를 가했다.

당시 한국에서도 청량음료 소비자가 늘어나면서 한양식품뿐만 아니라 다른 기업들도 이 분야 진출을 서두르고 있었다. 한양식품이 설립된 1966년에는 럭키음료가, 1967년에는 펩시콜라가 설립되어 공장을 건설하고 기계를 들여오는 등 너도나도 음료 생산을 서두르고 있었다.

이러한 청량음료 업계의 첨예한 전쟁 속에서 한양식품은 1968년 3월 코카콜라의 군납을 개시했으며, 그로부터 3개월 후인 6월에는 본격적인 시판에 돌입했다. 또 그해 8월에는 유엔군에 환타를 납품하기로 하는 등 군납을 통한 이미지 구축에 힘을 쏟았다. 군납으로 제품의 우수성을 인정받고 난 후 본격적인 시판을 함으로써 가장 안정적으로 시장을 확보할 수 있었던 것이다.

코카콜라는 생산 첫해 6개월 동안 23만 상자를 팔았으며, 1969년에는 90여만 상자, 1970년에는 210만 상자를 파는 등 해를 거듭할수록 경이적인 판매 기록을 올렸다.

이렇게 되자 코카콜라 생산 라인이 부족한 실정에 이르렀다. 늘어나는 판매량을 감당하지 못하게 되자, 한양식품은 1971년 5월 생산 라인 2호기를 설치하기에 이르렀다. 유엔군에 납품해 오던 환타도 1971년 8월부터 시판에 돌입했는데, 이때 환타 오렌지와 환타 그레이 두 종류의 제품을 선보였다. 오렌지와 포도 향료를 첨가한 이 음료 역시 대성공을 거두어, 시판 1년 만에 '오렌지 하면 환타'를 연상할 정도로 이른바 '후레버 음료 Flavored Drink' 시장을 대표하는 브랜드로 떠올랐다.

한편 두산산업은 1960년대 초까지 주로 동양맥주의 수출입 대행과 군납 업무를 관장하고 있었다. 그러다가 1963년 2월 OB맥주의 대미 첫 수출을 실현시키면서 무역상사로서의 활동을 본격화했다.

박두병이 동양맥주의 경영을 맡으면서, 두산산업은 그의 동생 박우병이 맡아 운영되고 있었다. 그동안 동양맥주의 판매를 맡아 오면서 사업 기반을 탄탄하게 다진 두산산업은 1964년 11월 경영난에 처한 융단 수출 업체 금강융단을 인수했으며, 1965년부터는 새우 양식 산업을 본격적으로 추진했다.

바로 그 무렵에 박두병의 둘째 아들 박용오가 미국에서 귀국해 두산산업에 입사했다. 박용오는 경기고를 거쳐 미국 뉴욕대학을 졸업했는데, 1964년 11월 말 귀국해 다음 해인 1965년 신년하례가 끝난 1월 5일부터 두산산업에 정식으로 출근했다.

박용오가 미국 유학에서 돌아왔을 때 박두병은 철저하게 한문부터 배우게 했다.

"하늘 천 따 지부터 철저하게 배워라. 한문을 배워두면 나중에 기업을 경영하는 데 큰 도움이 될 것이다."

이렇게 시작한 박두병의 경영 교육은 박용오가 입사한 직후부터 본격적으로 실전 모드에 돌입했다.

박두병은 두산산업에 처음 출근한 박용오에게 다음과 같은 말을 남겼다.

"너도 다른 직원들과 똑같은 근무를 해야만 한다. 내 아들이라고 해서 다르지 않아."

"네, 명심하겠습니다."

박용오는 긴장했다. 자상한 아버지였지만, 그때만큼은 그 누구보다도 두렵게 느껴지지 않을 수 없었다.

"그리고 앞으로 네 전공인 무역을 키워보도록 노력해라."

"네!"

"또 하나 명심해 둘 것은, 다른 직원들의 사정을 잘 알아두고 어려움에 처할 경우 베풀 줄 알아야 한다는 것이다. 처음부터 직원들과 잘 동화되어 인화를 도모토록 하란 이야기다. 가끔 점심도 같이 해야겠지. 물론 네 돈으로 사야 한다."

박두병은 이처럼 하나하나에까지 신경을 썼다.

당시 두산산업은 동양맥주 건물 안에 있었으며, 직원은 박용오까지 네 명에 불과했다.

늘 가까이에 있었으므로 박두병은 자주 박용오를 찾아와 경영수업을 시켰다. 그는 내심 큰아들 박용곤에게는 생산을, 둘째 아들 박용오에게는 수출 업무를 담당케 하려 했던 것이었다.

박두병이 박용오에게 강조한 것은 다음과 같은 것들이었다.

'수출을 할 때는 첫째 국산 원료를 쓴 제품을 택할 것, 둘째 너무 노동 집약적이지도 않고 지나치게 기계적이지도 않은 제품을 고를 것, 셋째 가득액(수출에서 벌어들이는 외화 금액)이 반드시 좋은 것으로 할 것, 넷째 남이 하지 않는 것을 할 것.'

두산산업이 해외시장 개척을 위해 지사를 설립하기 시작한 것은 1966년부터다. 그해 4월 미국 뉴욕에 최초의 지사를 설립했으며, 1967년 1월에는 사이공에, 1968년 3월에는 홍콩에 지사를 각각 설립하면서 무역회사로서 면모를 갖추어나갔다. 이들 지사 중에서 특히 홍콩지사는 설립 초기에 독일과 일본으로부터 동양맥주의 기계 설비를 수입하는 교량 역할을 수행하다가, 점차 동남아시아 시장 진출의 전진 기지로 자리를 잡아갔다.

이 시기부터 두산산업의 수출 품목도 다양해져서 맥주·융단·맥아 등 관계 회사 일변도에서 점차 벗어나 자체적으로 비관계 회사 제품 개발에 박차를 가했다. 그리하여 1970년 이후에는 배낭·유도복·검도복·모자·우산·버클·융단·말 털·쇼핑백 등 취급 품목도 다양해졌다.

아무튼 두산산업은 1970년 이후 비약적인 발전을 거듭했다. 1970년 이전까지만 해도 전체 매출에서 동양맥주에 대한 의존도가 약 80퍼센트 정도였는데, 그 이후부터는 20퍼센트 정도로 대폭 줄어들었다. 동양맥주 판매 거래 규모가 줄어든 것이 아니라 다른 회사의 제품들을 도맡아 수출 실적을 올리면서 전체 매출액에서 맥주 판매의 비중이 그만큼 낮아진 것이다.

"앞으로 사진에 대한 대중들의 관심이 높아질 거야. 미국의 이스트만 코닥과 판매 대리점 계약을 맺어보도록 해."

1970년 어느 날 박용곤은 동생 박용오에게 권했다.

이미 그때 박용오는 이사를 거쳐 전무이사로 승진하여 두산산업 전체의 경영 책임을 맡고 있었다.

박용오도 진작부터 사진 분야의 전망이 밝다고 보고 코닥사와 대리점 계약을 맺고 싶어 했다. 그는 형의 의견을 받아들여 미국 이스트만 코닥사와 전격적으로 대리점 계약을 맺고, 1970년 9월 을지로 1가에 코닥 전시장을 설치했다. 그리고 1972년 6월에는 등촌동에 '두산 코닥칼라 현상소'를 마련하기에 이르렀다. 때마침 한국의 젊은이들 사이에 컬러사진에 대한 선호도가 높아지면서 이 사업은 두산산업의 발전에 크게 기여하는 효자 종목이 되었다.

한편 동양맥주는 맥주 성수기인 6~8월이 되면 매년 비상이 걸리곤 했다. 계속적인 생산 설비 증설로 맥주 공급에는 큰 차질이 없었지만, 여름철이 되어 수요가 급증할 때는 맥주를 담을 공병이 없어 난리였다.

당시 맥주병은 대한유리공업주식회사로부터 주문생산을 받았는데, 늘 공병이 모자라 1966년에는 제2용해로를 증설했다. 그러나 그해 맥주 성수기가 되자 대한유리의 모든 생산 라인을 풀가동했음에도 맥주병이 모자랐다. 그렇다 보니 각종 대리점과 거래처에서 맥주를 달라고 난리였다.

"맥주가 모자라다니, 그렇게 주문량이 많이 몰렸나?"

대리점과 거래처에서 맥주를 달라고 서로 아우성이라는 소리를 들은 박두병이 판매 담당에게 물었다.

"맥주 생산에는 하등 문제가 없는데 다만 공병이 없습니다. 그동안 모아둔 재사용 공병까지 모두 동이 나버렸습니다."

"아니 해방 후 20여 년이 지나도록 아직도 맥주병 부족 현상이 해소되지 않았단 말인가? 이거야, 원! 허허, 큰일이구만. 해마다 맥주병이 모자라 생산에 차질을 빚어서야 되겠나?"

잠시 박두병은 옛날 생각에 젖었다.

해방 이후 맥주병 때문에 웃지 못할 일도 많았다. 당시 맥주회사들이 미제와 일제 헌 맥주병을 모아 재사용을 하자, 국산 맥주병을 만들던 대한유리에서는 직원들을 시켜 일부러 술집마다 다니며 외제 맥주병을 깨뜨리게 한 적이 있었다. 그러다가 맥주 소비량이 늘어난 1960년대에 들어와서는 대한유리에서 생산되는 맥주병까지 모자라게 되었다. 그러자 일부러 사원들을 시켜 술집에 가서 맥주병을 깨는 해프닝은 사라졌다. 급할 때는 외제 맥주병을 수입해 쓰기도 했으나, 그래도 아쉬운 것은 재사용할 수 있는 빈병이었다. 그러나 수집을 할 때 소홀히 다루다 보니 빈병이 깨져 쓰지 못하게 되는 경우도 허다했다. 이렇게 되자 동양맥주에서는 빈병 파손을 낮추는 홍보까지 감행했는데, 그 홍보 방법 중 하나로 '공병 파손 절감을 위한 표어 모집'을 한 것이다.

'아무래도 안 되겠군. 맥주병 생산 공장을 세우든지 해야지.'

박두병은 전부터 고민해 오던 유리병 제조 공장 설립을 서둘러야겠다고 생각했다. 그러나 1966년 당시 한양식품을 설립했기 때문에 당장 유리병 공장을 건설하기는 어려운 실정이었다.

그런데 1969년 농어촌개발공사와 한국유리가 합작으로 한국병유리주식회사를 설립하고, 연간 생산량 2만 5000톤 규모의 공장을 건설키로 했다. 이와 때를 같이해 동양맥주도 같은 규모의 유리병 공장 건설을 추진 중이어서 자칫하면 공급 과잉으로 인한 과열 경쟁이 예상되는 상황이었다. 이에 정부는 두 회사로 하여금 유리병 제조 사업의 일원화를 유도했다.

이때 한국유리는 자사 지분 65퍼센트 전량을 동양맥주에 인계하기로 했다. 이에 따라 농어촌개발공사의 지분 35퍼센트보다 동양맥주 지분이 훨씬 많았으므로 1970년 7월 박두병의 동생 박우병이 한국병유리 대표이사로 선임되었다. 그리고 동양맥주가 경기도 군포에 확보해 둔 부지에 유리병 공장 건설을 시작해 1971년 4월에 준공했다. 하루 생산능력 28만 개의 공장이 가동되면서 동양맥주와 한양식품은 맥주병과 콜라병 수급 문제를 단기간에 해결할 수 있었다.

1972년에 한국병유리는 관계사 이외에도 30여 개 회사의 거래처를 확보했으며, 영업 실적도 창립 2년 만에 3600만 원의 흑자를 실현했다. 뿐만 아니라 1973년에는 농어촌개발공사의 주식 35퍼센트가 경매에 붙여지자 동양맥주에서 바로 인수해 100퍼센트의 주식을 소유하게 되었다.

두산의 장수비법 ⓲

동양맥주로 주력 업종 바꾸는 혁신 단행

박두병은 동양맥주를 기반으로 해 각종 사업을 잘 키워나갔다. 건설·기계·음료·무역·유리병 등의 부대사업은 바로 '동양맥주'라는 큰 나무의 가지들로 각자 튼실하고 알찬 열매들을 맺었다. 동양맥주라는 토양은 튼튼하고 기름졌으며, 여기에 뿌리를 내리고 길어 올린 물과 양분들이 각기 '부대사업'이라는 나뭇가지를 타고 올라가 꿈의 결실을 맺은 것이다.

원래 두산산업은 부친 때부터 시작한 박승직상점을 기반으로 한 무역 회사였지만, 박두병은 그보다 동양맥주를 주력 업종으로 택해 기업을 일구어냈다. 오히려 두산산업을 동양맥주의 판매를 맡은 부대사업으로 활용할 정도였다.

이처럼 주력 업종을 바꾼 것은 2세대 경영인 박두병의 탁월한 선택이었고, 그것은 주효했다. 그래서 그 토양 속에서 새로운 씨앗들이 싹터 독자적인 사업으로 뻗어나갈 수 있었다.

19

손해를 감수하면서도
언론 사업에 투자하다

때로는 기업인도 수익성 없는 사업에 투자할 때가 있다. 모두가 반대하는데도 독불장군처럼 고집을 내세워 투자하는 데는 사실 그만한 이유가 있기 때문이다.

기업인에게 이유 없는 투자란 있을 수 없다. 수익성이 없는 사업에 투자했다고 해서 다 손해를 보는 것도 아니다. 물질적인 것이 아닌 명예를 얻거나 사회적 공기(公器)로서 많은 사람들에게 혜택을 주는 효과가 있다면, 그것은 해볼 만한 충분한 가치가 있는 사업이라 할 수 있다.

박두병은 동양맥주 이외에도 각종 사업을 전개해 대부분 성공적이라 할 만큼 성과를 거둔 것이 사실이다. 그러나 언론 사업만큼은 물질적으로 큰 손해를 보았다. 그렇지만 정작 그 자신은 언론 사업을 하는 것에 만족감을 느꼈고, 대단한 자부심까지 가지고 있었다. 그의 마음속에서는 물질적 손해보다 가치 있는 더 큰 무엇을 얻었던 것이다

박두병은 아주 오래전부터 언론 사업에 지대한 관심을 갖고 있었다. 동양맥주를 경영하면서 감각적이면서 순발력 있게 언론에 OB 광고를 내보내 빠른 시일 내에 크라운맥주를 역전시킬 수 있었던 것도 그가 일찍부터 언론의 효용성을 터득한 덕분에 가능한 일이었다.

박두병은 언론이야말로 진실을 대중들에게 보여주는 공기로서의 기능을 가진 대표적 매체라 생각했다. 신문이나 방송의 기사 또는 뉴스와 마찬가지로, 광고도 진실성이 있어야만 소비자와 통할 수 있다는 것이 그의 소박한 언론관이었다. 그래서 그는 OB 광고에 과장보다는 진실을 담으려 애썼고, 그것이 소비자의 마음을 움직이게 해 많은 고객을 확보할 수 있었다. 또한 그는 기업 이윤의 사회 환원이라는 기업가의 양심적 발로로 언론 사업에 대한 굳건한 의지를 견지하고 있었다.

이러한 의지를 갖고 박두병은 1960년 4·19혁명 이후 경영난에 봉착한 합동통신을 인수했다. 사실 그가 합동통신사와 인연을 맺은 것은 그보다 훨씬 이전인 1953년 환도 직전이었다. 당시 그와 가까이 지내던 합동통신의 경영주 김동준金東濬이 경영난 타개를 위해 보유 주식 52퍼센트에 대한 인수 제의를 해온 적이 있었다.

그러나 박두병은 동양맥주 영등포공장의 복구와 잇따른 시설 투

자 때문에 합동통신의 주식을 인수할 여력이 없었다. 결국 그 주식은 남선무역의 김원규金元圭에게로 넘어갔다. 나중에 나머지 48퍼센트의 주식을 인도할 수도 있었지만, 정관상 이사회의 주식 양도·양수 승인을 받을 수 없어 경영 참여가 불가능한 실정이었다.

그런데 1960년에 가장 많은 주식을 갖고 있는 김원규 역시 경영난을 견디지 못하고 보유 주식 52퍼센트를 내놓겠다고 발표했다. 이때 김원규의 합동통신 주식을 인수하겠다고 나선 사람은 박두병만이 아니었다. 당시 삼성의 창업자 이병철李秉喆을 비롯해 설경동·이정림 등 재력가들이 인수 의사를 밝힌 것이다.

특히 이병철이 합동통신 주식을 인수하려는 움직임을 보이자 박두병은 내심 잔뜩 긴장하지 않을 수 없었다. 급히 동양맥주 이사회를 열고 합동통신 주식 인수 의사를 밝혔다. 그러나 이사회에서는 적기가 아니라며 모두가 반대 의견을 표명했다.

"지금 조선맥주와의 치열한 판매 경쟁으로 자금 사정이 매우 좋지 않습니다. 고리 사채까지 끌어다 써야 할 지경이므로 지금은 때가 아니라고 생각합니다."

이사회의 대부분 사람들이 이구동성으로 말렸다.

"이번 기회를 놓치면 언론 사업의 꿈은 영영 무산될지도 모릅니다. 나는 조금 무리를 하더라도 합동통신 주식을 인수해야 한다고 생각합니다."

박두병은 고집을 꺾지 않았다. 끝내 동양맥주 이사회를 설득한 박두병은 김원규에게 사람을 보내 정식으로 합동통신 주식을 인수하겠다는 의사를 밝혔다. 그런데 전혀 의외의 반응이 전해져 왔다.

"김원규 씨 측에서 사장님에게는 절대로 주식을 팔지 않겠다고 합니다."

김원규에게 다녀온 인사의 말을 듣고 박두병은 잠시 어리둥절하지 않을 수 없었다.

사연을 들어보니, 합동통신의 편집인 가운데 한 명이 박두병이 주식을 인수하는 걸 극렬하게 반대하고 있다는 것이었다. 정확한 반대 사유는 밝히지 않았지만, 그 이야기를 들은 당사자로서는 그리 기분 좋은 일이 아니었다.

그러나 박두병은 포기하지 않았다. 그는 중간에 다리를 놓아 주식을 매입할 사람을 찾기로 했다.

그때 어떤 지인이 박두병에게 당시 연합신문 경제부장으로 있던 신영수申英秀를 적임자로 추천했다.

"신영수 씨 잘 아시지요? 그를 만나보면 뭔가 해결책이 보일 것 같습니다."

박두병은 전부터 신영수를 잘 알고 있었다. 신영수는 신뢰가 두터운 사람이었다.

다음 날로 박두병은 약속을 잡아 신영수를 만났다. 그리고 김원규가 보유하고 있는 합동통신 주식을 사고 싶다고 말했다.

"자, 이건 주식 매입 자금일세."

"이렇게 큰돈을 어찌?"

박두병이 돈 뭉치를 내밀자 신영수는 눈을 크게 뜨며 껌뻑대기만 했다.

"당장이라도 김원규에게 달려가주었으면 하네."

삼성의 이병철도 합동통신 주식을 매입할 의사가 있다는 걸 안 박두병은 내심 마음이 다급하지 않을 수 없었다.

신영수는 호주머니를 뒤져 종이와 볼펜을 꺼냈다. 박두병이 눈빛으로 무엇을 하려는 거냐고 물었다.

"이런 거액을 받았으니 보관증이라도 써드려야 할 것 같아서."

"그런 건 필요 없네. 내가 자네를 믿는데 무슨 소린가? 걱정하지 말고 그 돈 가지고 가서 자네 이름으로 사든 어찌하든 자네 맘대로 하게. 아무튼 합동통신 주식이 다른 사람에게 넘어가게 해선 곤란하네."

박두병은 그런 사람이었다. 일단 자신이 한번 믿은 사람은 어떤 일이 있어도 의심하지 않고 맡기는 스타일이었다.

"잘 알겠습니다. 힘껏 뛰겠습니다."

신영수는 자신을 믿어준 박두병에게 고마움을 느꼈다.

이렇게 해 박두병은 1960년 11월 29일 합동통신 주식 98퍼센트를 인수하는 데 성공했다. 김원규 보유분 이외의 주식까지 2퍼센트만 남기고 거의 다 인수한 것이다. 이어 1961년 1월 합동통신 사장으로 취임하고, 그해 12월에는 나머지 주식 2퍼센트까지 모두 확보했다.

박두병은 매일 합동통신사로 출근했다. 당시 합동통신은 부채가 많아 자금난에 허덕이고 있었다. 직원들 봉급도 주기 힘들 정도였다. 적자에 허덕이는 합동통신은 동양맥주의 자금 조달에 의지해 운영될 수밖에 없었다.

"자진해서 그만두겠다는 사람들 빼고는 모두 제자리에 유임시키는 것이 나의 인사 원칙입니다."

사장으로 취임한 후 박두병이 직원들에게 한 약속이었다.

이런 선언을 하자 전에 박두병의 합동통신 주식 인수를 극렬하게 반대하던 사람들도 점차 돌아서기 시작했다. 더군다나 적자 운영을 뻔히 알고 있던 합동통신 직원들은 박두병이 사장으로 오면서 월급을 제때에 받게 되자 모두들 환영하는 분위기였다.

그러나 1962년 5·16쿠데타가 일어나면서, 군부 정권은 당시 난립해 있던 합동·동양·동화 3개의 통신사를 통합하라고 종용했다. 결국 3개 통신사는 협의에 의해 단일 통신사로 합쳐졌으며 새로운 명칭을 '합동통신사'로 정했다. 이때 회장은 동화통신의 정재호鄭載頀가, 사장은 합동통신의 박두병이, 그리고 발행인은 동양통신의 김성곤金成坤이 맡기로 했다.

이렇게 3개 통신사 사장들은 서로 각서를 교환하기까지 했으나, 1962년 11월 1일 발족을 앞두고 마지막 순간에 통합이 결렬되고 말았다. 그런데 통합을 한창 논의하던 바로 그 시기에 합동통신이 곧 문을 닫을지도 모른다는 소문이 나돌면서 전부터 계약을 맺고 있던 AP통신이 일방적으로 해약을 통고해 왔다.

"AP가 아니라도 우리는 APT와 DPA, 공동共同도 있습니다. 만일 APT마저 타사와 계약을 맺는다면 그때는 내신만으로도 통신사를 운영해 나가겠습니다. 우리라고 외신만 받으라는 법은 없습니다. 내신을 해외에 직접 송출하는 방법도 강구해 나가겠습니다."

1963년 1월 주주총회 석상에서 박두병은 이 같은 비장한 각오를 밝혔다.

박두병은 'AP 없는 합동'의 나약한 이미지를 쇄신하기 위해 더욱 강력하게 합동통신을 경영해 나갔으며, 자신이 직접 편집·제작을 진두지휘하는 열성을 보였다.

박두병의 이와 같은 노력으로 합동통신은 1965년 10월 1일, 한국 통신 사상 처음으로 국내 뉴스를 해외에 직접 송출하는 데 성공했다. 사실 그때까지만 해도 국내 통신사들은 외국 통신사가 제공하는 외신을 받아 번역해 전재하는 데 그쳤고, 국내 뉴스를 해외에 전달하는 과정은 외국 통신사에 전적으로 의존하고 있었다.

1972년 9월에는 영국의 세계적인 통신사인 로이터통신이 동화통신과 맺었던 계약을 해약하고 합동통신과 계약을 맺었다. 그동안 절치부심 노력한 끝에 로이터통신도 합동통신의 저력을 인정해 준 것이다. 그리고 1973년 4월에는 동화통신의 폐사와 함께 AP통신이 다시 합동통신과 계약을 맺어 복귀했다. 이로써 합동통신은 국내 최대 통신사의 위치에 올라서게 되었다.

두산의 장수비법 ⑲

기업의 이윤을 사회에 환원하는 경영 철학

박두병이 인수한 합동통신은 동양맥주와는 전혀 관련 없는 사업이라 할 수 있었다. 그런데도 그는 과도한 부채로 도산 위기에 처한 합동통신을 인수했다. 동양맥주 이사회에서 극구 반대를 했음에도 그는 사회 공헌을 위해 언론 사업에 대한 고집을 꺾지 않았다.

이것은 기업의 이윤을 사회에 환원하겠다는 깊은 뜻이 담긴 결단이라 볼 수 있다. 결국 박두병은 부도 위기에 처한 합동통신을 되살려, 한국 최대의 통신사로 만드는 데 성공했다.

20

자본과 경영을 분리해 투명한 회사를 만들다

기업의 힘은 일차적으로 자본에서 나온다. 그래서 창업 초기에는 자기자본을 가지고 출발한 창업자의 막강한 리더십이 반드시 필요하다. 즉 자본의 힘이 어느 정도 뒷받침돼야 기업의 발전도 도모할 수 있다는 말이다. 그러나 기업이 발전하고 부대사업으로 새로운 분야를 개척해 나가다 보면 자연스럽게 자회사가 생성돼 그룹의 형태를 이루면서 전문경영인의 참여가 절실해질 수밖에 없다.

여러 자회사를 거느린 대기업이 되면 자본과 경영의 분리가 자연스럽게 요구되는 시점에 도달하게 된다. 이때가 되면 자본가 한 사람의 힘으로는 대기업을 이끌어나가기가 매우 힘들어진다. 전문가 중심의 경영 필요성이 대두될 수밖에 없는 것이다.

동양맥주 또한 규모가 커지고 부대사업이 속속 자회사로 분리돼 새로운 사업을 전개하면서 국가 경제에 기여하는 몫이 그만큼 커졌다.

한국 재계가 박두병에게 거는 기대가 그만큼 커질 수밖에 없었다. 그가 1960년 대한상공회의소 부회장에 피선된 일은 한국 경제계에서의 그의 위상을 말해 주는 것이었다. 그리고 7년 후인 1967년 8월에 그는 대한상공회의소 회장에 선출되면서 한국 경제를 이끄는 공인으로서 대임을 떠맡게 된다.

대한상공회의소 회장은 말 그대로 한국 경제를 대표하는 막중한 책무가 주어진 자리이고, 박두병은 그것을 알기에 내심 고민을 하지 않을 수 없었다. 한 사람이 두 가지 책무를 동시에 감당하기는 매우 힘든 일이었다. 그는 일차적으로 자신이 경영하는 기업이 있었고, 또 새롭게 떠맡은 대한상공회의소 회장으로서 한국 경제 전반에 걸쳐 해야 할 더 큰일이 생겼다.

이때 박두병은 전부터 마음속으로만 품고 있던 '자본과 경영의 분리'라는 구상을 표면화해 실천할 시기가 되었다고 판단했다. 기업 발전의 뿌리가 된 가족 중심 경영 형태에서 벗어나 사회가 요구하는 건전한 기업으로 탈바꿈하는 것이 진정한 기업인으로서의 사명이란 것을 오래전부터 염두에 두고 있었다. 그는 대한상공회의소 회장에 선출된 그 이듬해인 1968년에 한 방송 인터뷰를 통해 다음과 같은 의지를 피력했다.

"회사 창설 때부터 나는 경영과 자본을 분리해야겠다는 생각을 해왔습니다. 이제 그 실천을 하기 일보 직전에 이르렀습니다. 자기가 사장이라고 반드시 아들이나 동생이 사장을 계승해야 한다는 사고방식은 있을 수 없습니다. 물론 유능한 자질이 있다면 승계할 수도 있으나 유능치 않은 사람이 그런 자리에 앉게 될 때, 그 회사의 다른 유능한 사원들이 앞으로 무엇을 믿고 거기서 일을 하겠습니까? 사장의 아들, 손자에게로 사장직이 세습되고 다른 유능한 사람에게는 기회가 주어지지 않는다면 사원의 사기에도 지장이 있을 것입니다."

이때 이미 박두병은 전문경영인을 동양맥주 사장으로 영입할 준비를 차근차근 진행하고 있었다. 대한상공회의소 회장을 맡으면서 그러한 생각을 확실히 굳혔고, 자식들에게도 설득력 있게 이야기해 어느 정도 사전 조율을 해둔 마당이었다.

그리고 1969년 11월, 박두병은 마침내 전문경영자로 정수창을 지목하고, 그에게 동양맥주 사장직을 맡아줄 것을 제의했다.

박두병은 경성고등상업학교 9년 후배인 정수창을 가까이에서 오래도록 지켜보았기 때문에 전문경영인으로서 훌륭한 자질을 갖춘 그를 진작부터 마음에 새겨두고 있었다. 그는 이미 해방 직후, 동양맥주의 전신인 소화기린맥주 대표를 맡을 때 정수창을 신입사원으로 뽑아 가까이 두고 요직을 두루 거치게 했다. 나름대로 전문경영인 수업을 시킨 것이다.

그런데 정수창은 1965년 동양맥주를 퇴사하고 나서 삼성그룹의 몇몇 방계 회사에서 전문경영인으로 활동했다. 박두병이 애써 동양맥주에서 나가는 정수창을 막지 않은 것은, 그가 다양한 기업 경영 경험을 통해 전문경영인의 실력을 더 쌓기를 원했기 때문이다. 따라서 정수창이 삼성그룹에 가서 일할 때도 내심 그를 '내 식구'라고 생각하고 있었던 것이다.

때마침 정수창은 1969년 9월 이후 건강이 나빠져 삼성그룹을 그만둔 채 집에서 쉬고 있었다. 박두병은 이때를 놓치지 않았다.

"나는 이제 상공회의소 직무에 충실할 생각이오. 상공회의소 일이 잘되면 한국 전체 상공인이 잘되는 일이 아니겠소? 그러니 나를 돕는 것이 아니라 전체 상공인을 돕는다는 마음으로 우리 동양맥주의 사장이 되어 주시오."

그러나 정수창은 박두병의 제의를 정중하게 사양했다.

"회장님, 동양맥주를 떠나 있던 사람이 어찌 다시 돌아와 사장직을 맡을 수 있겠습니까? 종업원들 앞에 낯이 서질 않는 일입니다."

정수창은 당황하지 않을 수 없었다. 동양맥주에서 삼성그룹으로 떠날 때 배신감을 느꼈을 수도 있는데 박두병의 태도에선 전혀 그런 기색을 감지할 수가 없었던 것이다.

"나는 지금까지 정수창 씨를 남의 식구라고 생각해 본 적이 없소. 그래서 동양맥주를 떠날 때도 잠시 다른 기업에 가서 전문경영인 훈련을 쌓는다고 생각하고 속으로 흡족해했소."

박두병의 눈빛에는 진정성이 담겨 있었다. 정수창은 그 눈빛을 외면하기 어려웠다. 마음속으로 새삼 감동의 물결이 일고 지나갔다. 하지만 동양맥주로 다시 돌아가는 것 또한 양심이 허락지 않는 일이었다.

"회장님, 저는 4년간 외도를 했습니다. 지금 다시 돌아가, 그것도 사장직에 앉는다면 장차 발전적인 희망을 품고 있는 후배들의 앞길을 막는 결과가 됩니다."

정수창의 말에도 진정성이 있었고, 박두병도 그 마음을 알 것 같았다. 그러나 한두 번의 제의로 수락할 것이라 생각지 않았기에 박두병은 일단 다음과 같은 다짐부터 해두었다.

"다음에 다시 논의합시다. 하지만 마음의 결심은 해두기 바라오. 나는 정수창 씨를 놓치고 싶지 않소."

박두병은 일단 정수창의 마음이 홀가분해질 수 있도록 주변 정리부터 해둘 필요가 있다고 생각했다. 가장 먼저 삼성그룹과의 관계가 완전히 정리된 것 같지 않았기 때문에 외부적인 문제부터 해결하기로 했다.

박두병은 삼성그룹 회장 이병철을 만났다.

"정수창 씨를 우리 동양맥주 사장으로 영입하려고 합니다. 그래서 이 회장님께 먼저 양해를 구하는 바입니다."

"박 회장께서 제게 양해를 구할 것까지 있겠습니까? 이미 우리 삼성을 그만두고 나간 사람인데, 내가 이래라저래라 할 입장이 못 되지요. 그 사람이 허락한다면 그렇게 하도록 하시지요."

이병철도 흔쾌히 받아들였다.

이제 박두병은 내부적인 걸림돌을 정리해야겠다고 생각했다. 동양맥주의 옛 동료인 최인철과 당시 부사장인 명주현, 그리고 큰아들 박용곤과 둘째 아들 박용오를 한자리에 모았다. 그리고 정수창을 연지동 자택으로 불러 그 자리에 합석시켰다.

　박두병은 먼저 두 아들에게 말했다.

　"동양맥주는 내 개인 재산이 틀림없다. 그리고 너희들은 내 자식이지만, 경영 능력이 있는지는 아직 미지수다. 따라서 내 자식이라 해서 무조건 동양맥주 사장이 되는 것은 아니라는 걸 잘 알아야 한다. 더구나 너희들은 아직 경영에 관여하기에 이른 나이라고 생각한다."

　박용곤은 이미 미국에서 유학을 마치고 돌아왔을 때부터 아버지에게 그러한 말을 들어왔기 때문에 바로 알아들었다. 그것은 박용오 역시 마찬가지였다.

　"네, 잘 알겠습니다."

　형제가 동시에 박두병의 말에 고개 숙여 대답했다.

　"여러분들, 다 들으셨을 줄로 믿습니다. 나는 오래전부터 자본과 경영의 분리를 기업 경영의 원칙으로 생각해 온 사람입니다. 여기 모인 여러분들 가운데 내 아들들보다 더 능력 있는 사람이 있습니다. 바로 이 사람입니다. 나는 이제 정수창 사장에게 동양맥주의 경영을 맡길 생각입니다. 여러분들도 모두 동의해 주시기 바랍니다."

　박두병은 바로 옆에 앉은 정수창을 가리켰다. 따로 이견異見이 있을 수 없었다. 이미 그 자리에서 정식으로 정수창을 동양맥주 사장으로 추대한다는 사실을 알고 모인 사람들이었기 때문이다.

　"지당하신 말씀입니다."

모두들 찬성한다는 말을 했다. 이렇게 되자 정수창도 박두병의 제의를 거절할 명분이 없어졌다. 더군다나 삼성그룹 회장 이병철에게까지 찾아가 양해를 구했다는 말을 전해 듣고는 마음을 돌릴 수밖에 없었다.

1969년 12월 15일, 정수창은 동양맥주 사장에 정식으로 취임했다. 박두병은 대표이사 회장이 되었으나, 경영 일선에서 용퇴한다는 선언을 그 자리에서 다시 한 번 천명했다.

"완전한 자본과 경영의 분리를 이룩한 체제 아래서 더 정진해 알찬 동양맥주의 내일을 열어 나가주시기 바랍니다."

박두병은 자본과 경영을 분리하면서 동양맥주의 기업 공개도 전격적으로 추진했다.

"더 이상적으로 나가자면 주식도 어느 한 사람이 독점하고 있을 것이 아니라 대중화시켜야 합니다."

이러한 박두병의 소신에 따라 1973년 4월 동양맥주는 청약 비율 40대 1이라는 대성황을 이루며 일반에 공개되었다. 이러한 기업 공개는 그의 평소 신념을 행동으로 보여준 일이라 할 수 있다.

두산의 장수비법 ⑳

기업의 사회적 책임 다하는 기업가 정신 발현

박두병은 철저한 실천가였다. 기업을 경영하면서 자기 생각을 마음속에 가둬두지 않고 반드시 그것을 실천해 보여주곤 했다. 특히 자식들을 놔두고 정수창을 사장으로 영입한 것은 대단한 일이 아닐 수 없었다. 당시만 해도 한국에서는 전문경영인 제도가 정착되지 않아 큰 기업들이 '황제 경영'이란 비판을 듣고 있었는데, 그는 과감하게 자신의 소신을 밝히고 그것을 실천했다.

뿐만 아니라 박두병은 기업 공개까지 단행하면서 기업의 주식을 기업주가 아닌 여러 사람이 보유하게 함으로써 사회적 기업의 면모를 갖추게 했다. 즉 기업의 공기 이념과 기업인의 사회적 책임을 가능한 범위 내에서 실천해 나갔다. 동양맥주가 전문경영인 도입과 기업 공개 이후 승승장구할 수 있었던 것은 바로 이런 박두병의 기업가 정신에 힘입은 바가 크다고 하겠다.

21 신의를 지킬 줄 아는 인격이 머리보다 우선이다

시장 생태계에서 기업의 생명력은 그 기업이 가진 정직성과 직결된다. 기업은 생태적으로 고객의 믿음을 먹고사는데, 정직성이 결여돼 고객의 신뢰를 얻지 못하면 결국 사라질 수밖에 없기 때문이다. 그리고 고객의 신뢰를 얻는 지름길은 정직성을 지키면서 한 걸음 한 걸음 착실하게 전진해 나가는 것밖에 없다. 우보천리^{牛步千里}의 진리는 기업 경영에서도 통한다.

기업에서의 정직성은 '윤리 경영'을 뜻하는 것이다. 대기업이 되면 그 사회의 공기 같은 역할을 해야 한다. 경영자가 기업주라 하더라도 기업을 마음대로 좌지우지하는 것이 아니라 윤리를 생명처럼 여겨야 한다. 국민들에게 비윤리적인 기업이라는 낙인이 찍히면 이미 그 기업에는 금이 가기 시작한다. 신뢰를 잃었기 때문이다.

박두병은 언제나 정직과 성실을 최우선으로 생각하며 살아온 기업인이다.

"사람이란 그가 누구든, 어떤 사업을 하든, 그리고 어떤 상황에 처하든 정직하고 성실하게 최선의 노력을 다한다면 남보다 뒤떨어지지 않을 수 있고 또한 누구에게나 신망과 존경을 받을 수 있습니다."

박두병이 늘 강조하는 말이었다. 그는 신용을 얻기 위해 기업가가 갖추어야 할 전제 조건으로 특히 '정직성'을 내세웠다. 그는 기업가로서 납세 의무를 철저히 지킨 대표적인 사람이기도 하다.

1960년대 말부터 주세가 계속 폭등하기 시작했을 때의 일화다.

"이번에도 맥주에 대한 주세가 대폭 인상됐습니다."

임원 중 누군가가 근심 어린 목소리로 말했다.

"몇 퍼센트나 올랐나?"

"무려 25퍼센트나 올랐습니다."

"그럼 이제 세금이 생산 단가를 훨씬 웃돌게 되겠군!"

해마다 계속적으로 맥주의 주세가 오른 걸 알고 있었기 때문에 박두병도 생산 단가에 대한 걱정이 앞섰던 것이다.

"웃도는 정도가 아닙니다. 이번에 정확하게 계산해 보니 맥주의 세율이 생산 단가의 150퍼센트에 이르렀습니다."

"정부에서 맥주를 고급술로 인식하는 이상 어쩔 수 없는 일이지. 그래도 세금 납부는 단 한 푼도 누락해서는 안 되네. 기업에서 세금을 내지 않으면 나라 형편이 어찌 되겠나? 국가 재정은 파탄에 이르고, 국민들은 생활고에 더욱 허덕이게 된다네. 납세는 국가를 부강하게 하는 첩경이네. 사실 주세는 우리가 직접 내는 것이라고 볼 수도 없지 않은가? 따지고 보면 술을 마시는 소비자가 부담하는 것이니까 말이야. 결국 우리는 술을 마시는 소비자가 내는 세금을 형식상 대신 내주고 있는 것뿐이거든. 그러니까 소비자와 회사가 5대 5의 주주라는 생각으로 언제나 세금 납부를 철저하게 해야 하네. 우리가 세금 납부를 등한시할 경우 이는 소비자를 속이는 꼴이 되고 마네. 소비자가 낼 몫의 세금을 우리가 미루는 셈이 되니 말일세."

박두병은 이처럼 회사에서 내는 세금에도 원칙적으로 소비자가 내는 주세가 포함되어 있다고 생각했다. 그래서 더욱 정직하게 세금을 내야 한다고 주장했다. 소비자를 속이거나 배반하지 않겠다는 양심적 기업가로서의 마인드 없이는 할 수 없는 생각이다.

한편 박두병은 맥주의 높은 주세에 대한 대책으로 생산원가를 최대한 낮추는 전략을 구사했다. 불필요한 낭비 요소를 줄이고 일의 능률을 최대한 올려서 소비자에게 큰 부담이 안 되는 맥주 가격을 제시하고자 한 것이었다.

이에 따라 제품 원가 중에서 가장 비중이 큰 각종 포장 재료, 즉 공병·상자·라벨·왕관(병마개) 등의 파손율을 최소화하는 데 관리 능력을 집중했다. 사실상 제품의 핵심인 맥주 자체는 기존 생산 라인에 이미 자금이 투자된 상태여서 큰 부담이 안 되었으나, 부재료인 포장재는 새롭게 비용이 드는 부분이라 더 조직적이고 효율적인 관리가 필요했다. 또한 직·간접 재료도 더 싼값에 양질의 제품을 구입할 수 있도록 했으며, 효율적인 사용으로 낭비 요소를 최대한 줄여나갔다.

"개인이나 회사나 검소한 생활을 체득해 이를 체질화하면 결국 원가 절감에 기여하게 되는 것 아니겠습니까?"

박두병은 먼저 종업원들에게 개개인부터 검소한 생활을 몸에 익히고, 그런 습관을 회사 생활에도 반영토록 하라고 강조했다.

이렇게 원가 절감과 더불어 납세 의무를 충실히 지키는 전략은 일종의 고육책이었다. 박두병은 1968년 3월 10일 모범 납세자로 선정되어 대통령으로부터 '동탑산업훈장'을 수여받았다. 뿐만 아니라 1971년 3월 3일에는 개인 법인세 중 최고의 세금을 납부해 '금탑산업훈장'을 받는 영광을 안았다.

그는 맥주의 원가 절감 대책을 철저하게 수립하는 한편, 판매망 확대를 통해 시장을 확장해 높은 주세로 인한 위기를 타개해 나갈 길을 모색했다. 즉 높은 주세 때문에 당시까지만 해도 일반인들은 맥주를 고급술로 생각하고 있었는데, 보급 방법을 혁신해 맥주의 대중화를 꾀하려 한 것이다.

이때 박두병은 판매망은 확대하되 대리점을 신설하는 데는 엄격한 원칙을 적용했다. 그 원칙은 대리점주의 자본금이나 운영 능력뿐만이 아니라, 인품을 중요시하는 것이었다. 아무리 많은 판매 실적을 올린다 하더라도 인간적 신의나 금전적 신용이 부족한 대리점주일 경우 파트너로 함께 일할 만한 상대가 되지 못한다고 규정한 것이었다. 신의와 신용을 저버리고 금전적인 이득만 취하는 대리점주는 결국 회사에 손해를 끼칠 뿐만 아니라 고객들과도 좋은 관계를 맺지 못해 기업과 제품의 이미지마저 손상시킬 우려가 있었기 때문이다.

이것은 박두병이 평소에 '인화'에 바탕을 두고 강조해 온 다음과 같은 철학에서 비롯된 것이었다.

'머리가 좋은 것은 제2의 조건이다. 먼저 신의를 지킬 줄 아는 인격이 선결 조건이다. 가령 오만과 불신에 가득 찬 수재들만 모인 사회를 상상해 보라. 거기에는 경쟁과 분쟁과 파렴치만이 횡행할 것이다. 그러므로 사회라는 것은 조물주의 조화대로 수재와 그렇지 못한 사람이 각각 자기의 소임을 감당해 나감으로써 유지·발전하는 것이다.'

이처럼 박두병은 대리점 하나를 개설하더라도 조건을 매우 까다롭게 했다. 자금이 있어 목이 좋은 점포를 마련했다고 해서 무조건 대리점 개업을 할 수 있는 것이 아니었다. 가장 중요한 것은 대리점주의 인격이었다.

박두병은 여기서 그치지 않았다. 동양맥주 직원과 대리점 직원들이 함께 야유회를 가서 결속을 다질 수 있도록 했다. 대리점들의 모임인 '서울OB회'도 이러한 결속력을 바탕으로 결성되었으며, 이러한 정신은 지방 대리점들에까지 확산되었다.

스탠드바나 카바레 등 유흥업소가 생기면서 대리점을 통한 맥주 판매가 활성화되었고 맥주 소비 또한 대량으로 늘어났다. 서울 종로3가의 'OB장'이나 부산의 'OB하우스' 개업은 맥주의 대중화에 크게 기여했다.

맥주의 대중화는 맥주 소비를 촉진하는 결과를 가져왔으며, 고급주라고 인식된 종래의 관념에서 벗어나 일반인들이 즐겨 찾는 대중적인 술이라는 이미지를 확충하는 계기로 작용하기도 했다. 이러한 대중화의 비결 속에 박두병의 '인화'라는 철학이 숨어 있었던 것이다.

박두병은 자녀들에게도 《맹자孟子》에 나오는 다음과 같은 구절을 들어 '인화'를 강조했다.

'천시불여지리 지리불여인화天時不如地利, 地利不如人和'

즉 '하늘의 때를 기다리는 것은 땅의 이로움만 같지 못하고, 땅의 이로움은 사람끼리의 화합만 같지 못하다'는 뜻이다.

"천운을 기다리는 사람은 감나무 밑에 누워 연시가 떨어지기만을 기다리는 것과 같다. 그러느니 부지런히 땅을 파고 파종을 해 곡식을 거둬야 먹고살 수 있다. 그러나 사람은 먹고사는 것만으로 만족할 수 없다. 사람과 사람이 서로 정을 나누며 사는 '인화'를 얻는 것이 진정으로 얻는 것이다. 기업은 이득을 얻는 것이 아니라 인화를 통해 사람을 얻는 것이다."

이러한 박두병의 인생 철학은 이후 두산그룹의 기업 철학으로 발전했다.

두산의 장수비법 ㉑

정직과 성실이 바탕된 인화 정신

인화는 사람과 사람 사이를 끈끈하게 연결해 주는 정서적 가치라고 할 수 있다. 그런데 박두병의 '인화'라는 철학 속에는 '정직과 성실'이라는 단단한 씨앗이 숨어 있었다.

'인화'가 달고 향기 나는 복숭아의 과육이라면 '정직과 성실'은 그 안에 든 단단한 씨앗인 것이다. 정직과 성실이 결여된 인화란 있을 수 없다. 먼저 정직하고 성실한 마음을 갖추어야 향기를 내뿜듯 인화가 발산되며, 그때 비로소 사람들에게 계속 전파되면서 조화로운 사회가 형성되는 것이다.

22 기존 질서에 안주하지 말고 새로운 진로를 개척하라

    기업은 끊임없이 변화를 거듭하면서 미래를 향해 발전해 나간다. 제자리에 멈춘다는 것은 곧 죽음을 의미한다. 따라서 기업의 이노베이션 전략은 지속 성장의 디딤돌이며, 이를 통해 기술을 향상시키고 생산력을 크게 확장, 성장의 가속도를 붙여나갈 수 있게 되는 것이다.

    기업의 역동적 성장은 늘 경제의 불황과 호황을 반복하는 과정 속에서 이루어진다. 성장하는 기업은 호황일 때 미리 불황이 올 것에 대비해 안정적인 재정 기반을 확보해 놓는다. 불황이 왔을 때는 호황이 올 때에 대비해 과감하게 설비 투자를 하는 전략을 구사한다. 특히 불황이 왔을 때 위기 대처 능력이 있는 기업만이 강한 생명력을 가지게 되며, 지속 성장할 수 있는 것이다.

1970년대로 들어섰을 때 동양맥주는 이미 여러 계열사를 거느린 그룹의 면모를 갖추고 있었다. 이때부터 자연스럽게 맥주 브랜드인 'OB'를 대표적인 이미지로 내세워 'OB그룹'으로 불리게 되었다.

그러나 1972년 박두병은 폐암 진단을 받았고, 그로부터 1년 후인 1973년 8월 4일 향년 62세를 일기로 타계했다. 사전에 자본과 경영을 분리해 동양맥주의 경영을 정수창에게 맡긴 뒤라는 것이 그나마 다행이었지만, 그의 죽음은 OB그룹 전체로 볼 때 큰 기둥을 잃은 셈이었다.

생전에 박두병이 추진해 오던 사업은 이제 그 대임을 맡은 동양맥주 사장 정수창을 비롯해 동양맥주 창업 공신인 최인철, 그리고 장남 박용곤 등이 주축이 되어 발전시켜 나가야만 했다. 박승직상점의 창업자인 박승직을 경영 1세대라고 한다면, 전문경영인 정수창과 함께 그룹을 발전시켜 나간 그의 아들 박두병은 경영 2세대, 박두병의 자식들로 이어지는 일련의 그룹 리더들을 경영 3세대라 할 수 있을 것이다.

박두병은 죽음에 이르는 마지막 순간까지도 '아직 추수할 때가 아니라 끊임없이 경작할 때'임을 강조한 바 있다. 그러면서 그는 차세대 경영 리더들에게 다음과 같은 당부의 말을 남겼다.

"새로운 것을 벌이는 것보다 지키는 것이 더 어렵다. 먼 장래를 걱정할 때만이 현재에 걱정이 없을 것이다."

박두병은 또한 생전에 독일 작가 헤르만 헤세의 잠언을 자식들에게 상기시켜 주기도 했다.

"우리는 하나의 단계에 집착하지 말고 다음, 다음으로 나아가야만 한다. 생성生成은 끊임없이 흘러가는 것이기 때문에 기존의 질서에만 안주安住해서는 적응력을 잃어버린다. 항상 새로운 진로를 개척해 나가는 인간만이 안이安易에서 탈피할 수 있다."

박두병의 타계도 큰 충격이었지만, 그 뒤를 이어 곧바로 밀어닥친 제1차 오일쇼크로 OB그룹은 새로운 위기에 직면하게 된다.

1973년 10월 아랍연합군과 이스라엘군 사이에 벌어진 제4차 중동전쟁으로 인해 석유 가격이 급등하자 세계 경제는 고유가 시대로 접어들었다. 1974년 말까지 무려 여섯 차례나 유가가 뛰어올라 무려 265.9퍼센트의 상승률을 기록했다. 이렇게 되자 자연히 다른 물가까지 동반 상승하면서 부존자원이 부족한 데다 대외 의존도가 높은 국내 경제는 인플레이션의 확대·심화로 극도의 위기 국면에 처했다.

OB그룹도 오일쇼크의 직격탄을 피해 갈 수 없었다. 동양맥주를 주축으로 해 두산산업·동산토건·윤한공업·한국병유리 등의 계열사를 거느린 OB그룹은 성능 좋은 엔진을 가진 네 바퀴의 트럭처럼 긴밀한 연관 관계를 갖고 굴러가는 기업 구조를 갖고 있었다. '동양맥주'라는 엔진은 '맥주'라는 오일로 가동해야 하므로, 맥주 생산이 제자리걸음을 할 경우 OB그룹 전체가 바퀴를 굴릴 수 없어 움직이지 못하게 되는 것이다. 즉 동양맥주의 생산에 차질이 빚어지면, 그 유통과 판매를 맡은 두산산업에 경고등이 켜지고, 설비 투자가 중단되면 동산토건은 사업 현장을 잃게 되는 것이다. 또한 윤한공업도 기계 제작을 할 수 없게 되고, 한국유리병 역시 유리병 생산을 멈출 수밖에 없는 처지였다.

결국 OB그룹의 중심축을 이루는 동양맥주가 엔진을 가동해 질주를 계속해야만 관계사들도 활발하게 움직이게 되는 연계 구조였다.

그런데 동양맥주는 1970년에 들어서면서 제2공장 건설을 계획한 바 있었다. 당시 박두병은 동양 최대의 맥주공장을 건설하겠다는 야심 찬 계획을 세우고 경기도 이천의 영동고속도로 인터체인지 가까운 곳에 공장 부지를 마련했다. 23만 평에 이르는 이 공장 부지에 연건평 1만 1200평에 이르는 건물을 짓고 최신식 시설을 갖추어 연간 1200만 상자 이상의 맥주를 생산하겠다는 목표를 세워놓고 있었다.

그러나 박두병은 제2공장 건설의 숙원을 풀지 못한 채 세상을 떠나고 말았다. 1971년 4월부터 동산토건이 이천 제2공장 부지의 정지 작업을 시작해 11월에 끝마쳐놓은 상태였으나, 공장의 착공식도 보지 못한 채 1973년 8월에 타계한 것이다.

그로부터 불과 2개월 후인 1973년 10월에 제1차 오일쇼크를 겪게 되자 박두병으로부터 경영권을 이어받은 정수창은 바짝 긴장하지 않을 수 없었다. 그는 전문경영인으로서 시험대에 오른 것이다. 당시 다른 그룹들은 오너 경영을 하고 있었는데, 유독 OB그룹만 전문경영인 체제여서 한국 경제계가 모두 그를 주목하고 있었다.

정수창은 이천의 제2공장 부지를 둘러보면서 이미 고인이 된 박두병의 숙원을 자신이 풀어줘야겠다고 결심했다. 그는 위기 상황이 올 때는 말에 채찍을 갈겨 그 지역을 빠르게 벗어나야 한다고 생각했다. 불황임에도 그는 공격적인 경영을 추구해 이천의 제2공장 건설에 박차를 가하기로 했다.

정수창이 내세운 불황 탈출의 전략은 낭비 요소 제거, 원가 절감, 그리고 생산성 향상이었다. 이 3대 목표를 실현하기 위해 그는 전 종업원에게 낭비 요소를 제거하고 원가를 절감하는 데 총력을 기울이기를 거듭 강조하는 한편, 1974년 7월부터 이천 부지에 동양 최대 규모의 제2공장을 착공했다.

당시 국내 건설업계가 철재·시멘트 등 기본 건자재 및 석유 관련 제품 가격이 폭등해 치명타를 입고 있었음에도 OB그룹 계열사인 동산토건은 이천 제2공장 건설로 단번에 위기에서 탈출할 수 있었다. 이는 그동안 동양맥주가 탄탄한 재정을 확보해 놓았기에 가능한 일이었다. 불황에 공장을 건설하는 것은 건자재 폭등으로 많은 투자 비용이 드는 일이었지만, 일단 불황의 터널을 벗어날 경우 다른 기업보다 일찍 생산력을 발휘할 수 있으므로 미래를 내다보는 전략이라 할 수 있었다.

동산토건은 이천 제2공장 건설 덕분에 단번에 매출액 44억 원을 달성해, 1974년에 국내 도급 순위 17위로 껑충 뛰어오르는 성과를 올릴 수 있었다.

오일쇼크로 인해 침체 위기에 있던 윤한공업 역시 동양맥주 이천 제2공장 건설로 활력이 되살아났다. 이미 1973년부터 신규 사업으로 병의 금형 제작에 뛰어들어 자체 활로 개척을 모색해 가던 윤한공업은 이천 제2공장의 방대한 플랜트 설비를 수행함으로써 식품 포장 기계류의 엔지니어링 및 제작 설치 전문 업체로 거듭나게 되었다.

오일쇼크로 OB그룹 내에서 가장 큰 타격을 입은 계열사는 에너지를 많이 사용하는 한국병유리였다. 벙커C유와 부탄가스 가격이 폭등하면서 1974년 3월까지 오일쇼크 직전보다 무려 130퍼센트나 올랐다. 또한 주요 원료인 소다회 가격도 57퍼센트나 인상되었을 뿐 아니라 기타 원재료 역시 품귀 현상을 일으켜 생산에 큰 차질을 빚을 수밖에 없었다.

이렇게 되자 유리병 가격의 인상이 불가피해졌으며, 가격 인상은 판매에 영향을 미쳐 재고가 쌓이는 악순환을 거듭하게 되었다. 그러나 다행스럽게도 한국병유리 매출의 약 50퍼센트를 차지하고 있던 동양맥주와 한양식품이 점차 불황을 극복하고 생산이 활성화되면서 유리병 수요도 늘어나 위기를 극복할 수 있었다.

이처럼 OB그룹이 오일쇼크 위기에서 불황의 터널을 빨리 벗어날 수 있었던 것은 그룹의 성장 엔진이라고 할 수 있는 동양맥주와 한양식품이 선전한 결과였다. 그룹의 중추인 이들 두 회사가 불황 속에서도 사업을 확장해 나가며 탈출을 주도적으로 이끌었고, 그 여력에 힘입어 관련 업체인 동산토건·윤한공사·한국유리병 등의 매출이 크게 늘어나면서 그룹 전체가 안정적인 기반을 확보하게 된 것이다. 동양맥주의 판매를 전담한 두산산업도 맥주 생산이 활성화되면서 매출액이 크게 늘어나 불황을 슬기롭게 극복할 수 있었다.

두산의 장수비법 ㉒

불황일 때 정면 돌파하는 공격적 경영

정수창이 오일쇼크에도 불구하고 이천 제2공장 건설을 강력하게 추진해 나간 것은 위기에 처했을 때 오히려 공격 경영을 펼쳐 정면 승부를 하겠다는 의지가 확고했기 때문이다. 불황은 기회이기도 한 것이다. 다른 기업들이 투자를 하지 않고 제자리걸음을 하면서 불황이 지나가기만 기다리고 있을 때 과감하게 질주해 그 늪을 건너가면 호황의 신천지가 열리게 되어 있다. 따라서 호황일 때 투자 여력을 확보해 두었다가 불황일 때 공격적으로 투자하는 것이 위기 극복의 지름길이 될 수 있는 것이다.

당시 OB그룹은 각 계열사들이 동양맥주를 중심으로 역동적인 회전운동을 멈추지 않고 지속하게 함으로써 그룹 전체는 물론 각 계열사들까지 활성화되어 함께 살아나는 '공생'의 전략을 추구했다. 이는 업종의 다각화를 통해 기업의 포트폴리오를 잘 꾸며놓은 덕분에 가능했던 일이다. 연관 산업끼리 병렬식 사업 구조를 만들어 최대한의 시너지 효과를 낸 최상의 전략이었다고 할 수 있다.

23 원료의 자체 수급으로 생산 단가를 줄여라

    제품을 만드는 원료의 안정적인 확보는 모든 제조업체들의 희망이다. 특히 국토가 좁고 자원이 부족한 우리나라로서는 공업 국가로 발돋움하면서 원료 조달이 가장 큰 부담이 되었다. 원료를 수입에 의존하다 보니 달러의 확보가 무엇보다 중요해졌고, 유가의 급등과 원료의 가격 인상은 생산 단가에 직접적인 영향을 주어 제품 판매 가격을 올릴 수밖에 없게 만들었다.

    제품 가격을 안정시켜 소비자들의 부담을 줄이려면 우선 생산 단가를 낮추어야 하는데, 결국 생산 단가에서 가장 큰 비중을 차지하는 원료를 수급하는 문제에 봉착할 수밖에 없는 것이다. 그러므로 원료의 자체 수급 노력은 지속적으로 이루어져야 하며, 그 방안을 모색하기 위해 다각적인 시도가 병행되어야만 한다.

1974년 9월 동양맥주는 고급 포도주 제조 사업에 대한 계획을 세웠다. 기존의 OB맥주 대중화에 성공한 이후, 고급 포도주를 만들어 생활 수준 향상에 따라 변화된 소비자들의 음주 기호를 충족시켜 주겠다는 취지에서 이 사업을 추진하게 된 것이다. 이러한 고급주의 생산은 주조 기술의 향상을 가져올 뿐만 아니라 기업 이미지를 업그레이드하는 데도 주효할 것으로 판단했기 때문이다.

당시 국내에서 제조되는 와인은 1969년부터 파라다이스주식회사에서 생산하기 시작한 애플와인 '파라다이스' 한 종밖에 없었다. 그리고 1974년 말에야 해태주조주식회사가 포도주 '노블와인'을 선보일 예정이었던 터라, 국내 와인 시장은 시작 단계에 불과했다. 그 이전에도 포도주가 있긴 했으나, 주정에 향료와 설탕을 가미한 기타 재제주(再製酒)형 적색 포도주밖에 없었다.

이에 따라 동양맥주는 순수 양조 포도주를 생산하기로 했다. 문제는 와인의 원료인 포도를 어떻게 확보하느냐에 있었다. 포도를 수입에 의존한다면 생산 단가가 높아져 와인 판매 가격 또한 올라갈 수밖에 없었다. 고급 와인을 만들어 국내 시판뿐 아니라 수출도 할 계획이었으므로, 원료를 수입에 의존해서는 도저히 수익을 남길 수 없었다.

"와인의 원료인 포도는 자체 조달키로 합시다. 직접 재배를 해 원료비를 절감하면 수출용으로도 충분히 외국 브랜드와 당당하게 경쟁할 수 있습니다."

정수창은 옛날 박두병이 맥주의 원료인 맥아를 자체 조달하기 위해 실패를 거듭하면서까지 노력하던 모습을 떠올렸다.

당시 맥주 원료는 전량 수입에 의존하고 있었다. 그래서 맥주 원료의 자체 조달은 박두병의 꿈이었다. 맥주 원료만 자체 조달이 가능하다면 라이벌사인 조선맥주와 가격경쟁에서 유리한 위치에 설 수 있었기 때문이다. 이는 또한 원료 수입에 들어가는 비용을 절감해 국가적으로도 큰 이득이 되는 일이었다.

이미 1958년 당시 박두병은 국산 맥아 생산을 목적으로 한 한국맥아주식회사를 설립했다. 외자 21만 달러를 들여 서독에서 제맥製麥 기계를 도입해 맥아를 생산해내기 시작한 것이다. 당시 이 회사에서 생산된 맥아는 동양맥주뿐만 아니라 경쟁 업체인 조선맥주에도 팔았으며, 그래도 남는 것은 외국에 수출까지 했다.

그러나 1960년대로 들어서면서 맥주 시장이 크게 확대되고 수요에 따른 생산량이 폭발적으로 늘어나면서 한국맥아에서 생산하는 맥아만으로는 원료를 충당할 수 없게 되었다. 한국맥아의 한계는 맥아의 원료인 맥주보리가 국내에서 생산되지 않아 전량 수입에 의존해야 한다는 데 있었다. 따라서 맥아의 생산 단가를 맞추기가 매우 어려웠다. 박두병은 생각을 바꾸었다.

"맥주보리가 우리나라 토질에 맞는지 모르겠군."

박두병의 말에 간부들이 깜짝 놀랐다.

"아니, 이제 맥아 생산뿐만 아니라 맥주보리까지 직접 재배하시려고요?"

"아니, 직접 농사를 지을 수야 없겠지요. 다만 일본이나 호주 같은 데서 맥주보리 종자를 구해다 맥주보리를 심겠다는 농가에 공급하자는 겁니다."

박두병은 곧바로 한국맥아로 하여금 농림부에 의뢰해 농민들이 맥주보리 경작을 할 수 있도록 했다.

때마침 1966년부터 농림부는 경제작물주산단지 조성 계획을 추진했는데, 이때 제주도가 맥주보리 단지로 선정되었다. 제주도 농민들은 농협중앙회와 계약을 맺고 맥주보리를 재배하기에 이르렀다. 한국맥아는 그해에 맥주보리 8000여 톤을 제주도 농민들로부터 매수했다. 그러나 그다음 해부터 제주도 일원에서 밀감 재배 붐이 일어나면서 보리맥주의 수확이 격감했다.

"아무래도 맥주보리 농사를 직접 지어야겠군!"

박두병의 맥주보리 생산에 대한 집념은 매우 강했다. 이에 따라 한국맥아는 경상남도 사천에 약 2만 4000평의 땅을 확보해 맥주보리 재배지를 조성했다.

맥주의 주요 원료는 맥주보리와 호프였다. 박두병은 맥주 원료의 100퍼센트 국산화를 이루기 위해 호프를 시험 재배했다. 1963년부터 대관농산주식회사를 설립하고, 천호동에 약 9000평의 땅을 확보해 호프를 심었다. 그러나 천호동 호프 시험 재배는 제대로 성과를 거두지 못했다.

사실상 박두병이 호프 시험 재배를 시작한 것은 1958년부터다. 강원도 평창군 대화면 신리에 대화농장을 만들고 호프를 재배했는데 실패한 바 있었다. 다음 해에는 평창군 진부면 속사리에서 호프 시험 재배를 했으나 이 역시 성공하지 못했다.

이처럼 끈질긴 노력은 무려 13년간이나 계속되었으나, 결국 기후와 풍토가 맞지 않아 시험 재배 단계를 벗어나지 못했다. 1972년 1월, 호프 생산을 위해 세웠던 대관농산은 결국 해체되고 말았다.

"대관농산을 해체해 동양맥주에 흡수시켰지만, 우리의 호프 시험 재배는 앞으로도 계속되어야만 합니다. 호프 재배야말로 동양맥주의 숙원 사업입니다."

당시 박두병이 강조한 말을 정수창은 잊지 않고 있었다.

정수창은 동양맥주 사업 초창기에 사원으로 입사했기에 박두병이 집념을 가지고 맥주 원료 자체 조달을 위해 노력한 것을 너무나 잘 알았고, 원료의 100퍼센트 자체 수급이 얼마나 중요한 일인지를 마음속 깊이 새겨두고 있었다.

그때를 기억하며 정수창은 와인 원료인 포도의 경우 호프와는 달리 기온이 따뜻한 남부지방에서는 재배할 수 있다고 믿었다.

"유럽에서 와인 원료로 쓰이는 포도에 버금가는 포도를 우리나라에서도 생산할 수 있을지 검토해 보도록 합시다."

동양맥주는 이처럼 원료의 자체 조달을 목표로 1972년부터 포도 재배가 가능한 남부지방의 기상과 토질에 관한 자료를 독일의 와인 전문 기관에 보냈다. 그 결과 적합하다는 통보를 받았다.

이에 따라 동양맥주는 1973년 7월부터 포도 재배 사업에 본격적으로 뛰어들어, 2년여 동안 경북 영일군 청하면 일대에 10만여 평의 포도단지를 조성했다. 또한 1975년 5월에는 포도 재배를 포함한 원료 조달을 원활하게 하기 위해 별도의 업체로 한국투자개발금융과 합작한 동양농산주식회사를 발족시켰다.

동양맥주는 이렇게 양조용 포도 재배를 동양농산에 위임하는 한편, 1975년 12월 포도를 발효해 와인의 원료를 생산하는 공장을 경북 경산군 진량면 평사동에 건설키로 하고 착공에 돌입했다. 물론 계열사인 동산토건과 윤한공업이 건물 공사와 기계 설치를 맡았으며, 1977년 5월에 1차로 연간 발효 능력 600킬로리터 규모의 공장을 준공했다. 또한 2차 증설도 1차 준공 2개월 전부터 착수해 같은 해 7월에 공사를 끝냈는데, 1차와 2차 공장의 완공으로 연간 총 1560킬로리터의 발효 능력을 갖출 수 있었다.

동양맥주는 1차 발효 공장 완료와 함께 곧바로 최고급 순수 와인 '마주앙' 생산에 돌입했다. '마주앙'이라는 브랜드명은 '마주 앉아서' 즐긴다는 우리말을 이국적 느낌이 들도록 변형한 것으로, 그 이름만 들어도 순수·고급 이미지가 떠오르게 했다.

마주앙의 출발은 성공적이었다. 1977년 시판 첫해에 6만 상자를 판매해 국내 고급 포도주 시장에서 12퍼센트의 시장점유율을 보였다. 그리고 1978년 하반기에는 25퍼센트의 시장점유율을 보이면서 승승장구하기 시작했다.

그러나 호사다마라고 했던가. 1977년 연말에 출하된 마주앙에서 주석산염의 앙금이 발생해 소비자들이 항의하는 사태가 빚어졌다.

제품에는 전혀 하자가 없었다. 주석산염은 주석산과 칼리질이 결합하면서 석출되는 포도 자체 성분으로 인체에 무해하다. 따라서 포도주 산지로 유명한 유럽 여러 나라의 특급 포도주에서도 흔히 발생하는 현상이었다.

하지만 한국 소비자들은 포도주를 일상적으로 접하는 유럽 소비자들과 달랐다. 그런 경험을 해본 적이 없기 때문에 쉽게 납득시킬 수 없었던 것이다. 오히려 납득시키려고 하다가는 변명을 늘어놓는다는 인상을 줄 가능성이 더 높다고 판단했다.

"제품에 하자가 없긴 하지만, 앙금이 생기는 마주앙은 전량 수거하도록 합시다."

정수창은 결단을 내렸다.

회사가 조금 손해를 보더라도 소비자 입장이 되어 1977년 말에 출하된 앙금이 생기는 제품을 전량 수거하고 새로운 제품으로 교환해 주었다. 그런 연후 냉각 과정을 한 번 더 거쳐 주석산염이 발생하지 않도록 조처했다.

고급주 이미지를 가진 마주앙은 처음 출하했을 때인 1977년 5월 22일부터 천주교 미사주로 사용되기 시작했다. 그 전까지 천주교에서는 프랑스·이탈리아 등 유럽에서 수입한 포도주를 미사주로 사용했는데, 마주앙이 출시되면서 국산으로 바꾼 것이다. 품질은 유럽의 포도주와 견줄 수 있을 정도로 고급이면서도, 국산이라 관세가 전혀 없어 수입 제품보다 저렴한 가격에 구입할 수 있었기 때문이다.

천주교에서 미사주로 구입하면서 마주앙은 국내에서도 고급주로 자리를 빠르게 잡아갔다. 그리고 해외에서도 그 품질을 인정받아 1978년 12월 16일 미국의 〈워싱턴포스트〉에서는 마주앙을 세계에서 가장 우수한 포도주 중 하나로 선정하며 '신비의 술'이라고 격찬하기도 했다. 1980년에 이르러서 마주앙은 국내 과실주 시장의 50퍼센트를 차지하면서 한국 와인의 대명사가 될 정도로 확고한 위치를 점했다.

두산의 장수비법 ㉓

원료의 자체 수급이라는 두산의 오랜 꿈 실현

원료를 자체 수급하면 생산 단가만 줄일 수 있는 것이 아니다. 원료 추출 기술과 제품의 질을 향상시키는 데도 일조할 수 있다. 전문경영인 정수창은 선대 회장인 박두병이 왜 원료의 100퍼센트 자체 수급을 염원했는지 잘 알고 있었다.

원료 자체 수급이라는 박두병의 꿈을, 마침내 정수창이 마주앙을 통해 실현할 수 있었다. 국내 포도 재배 단지를 만들고, 원료 추출 공장을 세워 자체 기술 생산력을 키워나가면서 국내산 고급 브랜드 포도주를 만들어내는 데 성공한 것이다.

3세대 경영 시대
박용곤 · 박용오
박용성 · 박용현 · 박용만

박용만이 즐겨 쓰는 '우보천리 붕정만리(牛步千里 鵬程萬里)'라는 명구 속에는 두산그룹의 장수 비결이 고스란히 숨어 있다. 즉 두산그룹은 '소걸음으로 천 리를 가듯(牛步千里)' 서두르지 않고 천천히 가되 쉬지 않고 발전을 거듭해 한국 최고의 기업이 되었다. 또한 '한 번 날갯짓에 만 리를 나는 붕새처럼(鵬程萬里)' M&A와 같은 기업 혁신을 통해 크게 성장하는 강한 기업으로 거듭나겠다는 전략을 구사했다.

24. 사업은 사람을 위한 것, 인화는 그것을 이끄는 원동력이다

　기업은 사람들의 집합체다. 사람들이 모여 각자의 직능에 맞는 일을 해 공동의 목표를 이루어내는 연합적 모임이자 조직적 구성체라 할 수 있다. 그런데 사람과 사람 사이의 아교 역할을 해주는 것이 바로 '인화'다. 즉 인화는 여러 사람의 마음을 하나로 뭉치게 하는 원천인 것이다.

　사람의 능력은 협동할 때 더 큰 시너지 효과를 발휘한다. 개개인은 약하지만 뭉치면 강한 에너지가 발생한다. 같은 일을 하더라도 세 사람이 각자의 삽을 들고 하는 것과 세 사람이 하나의 가래로 협동해 하는 것에는 큰 차이가 있다. 같은 시간을 일했을 때 가래로 협동한 팀이 훨씬 많은 흙을 더 멀리 퍼 올린다. 물론 전제 조건이 있다. 가래질을 하는 팀의 호흡이 잘 맞아야 한다는 것이다. 그리고 '호흡'을 다른 말로 표현하면 '인화'라고 할 수 있다.

1978년 1월 1일을 기해 OB그룹은 기업의 모체인 '박승직상점'의 정통성을 이어받은 두산산업에서 '두산'을 가져와 그룹의 정식 명칭을 '두산그룹'으로 바꾸었다. 그동안 불리던 'OB그룹'은 주력 회사인 동양맥주의 브랜드 'OB'를 내세워 자연스럽게 명명된 것이었다. 그러나 사업이 다각화되면서 그룹 이미지를 '맥주'에 한정하는 것은 바람직하지 않다고 판단해 '두산그룹'이라는 통일된 이미지를 재창출하기로 한 것이다.

  그리고 1981년부터 두산그룹은 전문경영인 체제였던 정수창 시대를 넘어서서 3세대 경영으로 거듭나기 위해 박두병의 장남 박용곤이 그룹 회장을 맡았다. 1981년 3월 2일 두산그룹 회장으로 정식 취임한 박용곤은 창업 이래 사훈으로 정착되어 그룹의 기업 문화를 이끌어가고 있는 정신인 '인화'를 더욱 강조했다.

  "사업은 사람이며, 인화는 힘입니다. 내가 이번에 그룹 회장이 된 것은 경영과 소유를 통합하고자 하는 것이 결코 아닙니다. 우리 그룹의 사훈인 '인화'의 정신을 되살리고 선친과 선배 회장님의 뜻을 이어 각사의 경영을 맡으신 분들에게 더 많은 권한과 책임을 이양하고자 하는 것입니다. '인화'야말로 우리 그룹이 비약적으로 발전할 수 있는 토대이며, 기업을 이끌어가는 힘입니다."

  1980년대에 이미 두산그룹은 한국 경제를 이끌어가는 대표 기업으로 성장해 있었다. 전문경영인 체제로 출범한 정수창 시대 10여 년 동안 두산그룹은 자산 규모를 5배 이상 신장시켰다. 이제 그 탄탄한 경영 기반을 토대로 회장직을 이어받은 3세대 경영인 박용곤이 비약적인 발전을 이룩하겠다는 포부를 밝힌 것이었다.

박용곤은 두산그룹 창업자 박승직의 장손으로 일찍부터 경영 수업을 체계적으로 받아왔다. 1932년에 태어난 그는 1951년 해군을 제대한 후 미국 워싱턴대학 상과를 졸업했다. 그가 귀국하자마자 부친 박두병은 자신이 그러한 것처럼 장남에게도 한국은행에 입사해 경영의 기본을 익히게 한 뒤 동양맥주에 근무하도록 했다.

동양맥주에서 부친 박두병에게 경영 수업을 착실히 받은 박용곤은 1967년 불과 서른넷의 나이에 한양식품 사장에 취임했다. 한양식품은 박용곤 본인이 청량음료 시장에 진출해야 한다고 부친 박두병을 설득해 설립한 회사로, 당시 허허벌판이던 서울시 구로구 독산동에 공장을 짓고 코카콜라와 환타를 생산해 공전의 히트를 쳤다.

박용곤은 1973년에 동양맥주 대표이사 부사장을 거쳐, 1974년에는 두산산업 및 합동통신 대표이사 사장을 겸했다. 1973년 합동통신 회장을 맡았던 부친이 세상을 떠나면서 박용곤이 통신사 경영까지 떠맡지 않으면 안 되었던 것이다.

합동통신을 경영하면서 박용곤은 통합적인 사고를 갖게 되었다. 즉 언론과 기업 사이에 광고라는 사업 분야가 중간 다리 역할을 해줄 때 큰 시너지 효과를 얻을 수 있다는 생각을 하게 된 것이었다.

부친 박두병이 생전에 합동통신을 경영할 때인 1967년 3월에 광고기획실을 발족시켜 국내 최초로 종합광고대행업을 시작한 바 있었다. 그러나 당시만 하더라도 신문사·방송국 등에서 광고대행업을 하는 것을 불합리하게 생각하는 여론이 많았을 때라 1년이 경과하도록 이렇다 할 실적을 올리지 못했다.

이렇게 되자 박두병은 1969년 1월에 합동통신 광고기획실과는 별도로 동아일보 경영진들을 발기인으로 참여시켜 '만보사萬報社'라는 광고대행업체를 발족시켰다. 출범 당시 만보사의 자본금은 OB그룹과 동아일보가 각각 50퍼센트씩 출자했다.

그런데 1974년에 50퍼센트를 출자한 동아일보가 한국연합광고에 별도 출자를 하면서 만보사 경영에 애착을 보이지 않은 데다, 대부분의 광고가 당시 OB그룹의 광고였다는 점을 감안하면 그룹 입장에서 볼 때 실질적으로 큰 이득을 기대하긴 어려웠다. 그룹 자체 광고만 가지고는 외부 기업 광고를 대행하는 업체라는 대표성을 내세우기 곤란했던 것이다.

합동통신 대표이사 사장으로 부임한 박용곤은 광고회사를 합병해 시너지 효과를 얻고자 했다. 즉 동아일보 측과 협의해 만보사를 합동통신사 광고기획실과 합병키로 한 것이다. 1974년 12월 만보사를 합병한 합동통신 광고기획실은, 그 이후 비약적인 발전을 거듭했다.

그리고 1979년 5월에는 두산그룹의 관계 회사인 컴퓨터 개발업체 동양전산에 합동통신사 광고기획실의 영업권을 양도하는 형식으로 '오리콤ORICOM'이라는 법인 주식회사를 탄생시켰다. '오리콤'은 'Oriental Communication'을 줄여서 만들었는데, 이는 두 사업이 모두 커뮤니케이션이라는 공통점을 가지고 있다는 데서 착안

한 것이다.

한편 'OB'에서 '두산'으로 그룹 명칭을 바꾸기 전부터 각 계열사의 이름도 '두산'으로 통일시켜 나갔다. 1976년 윤한공업사는 윤한기계주식회사로 변경하고 1977년 12월 방직공장 부품 업체로 출발한 정공사를 인수해 사업 분야를 확장했다. 그리고 그 직후인 1978년 1월부터 상호를 '두산기계주식회사'로 변경했다. 또한 한국병유리도 1978년에 대한유리를 합병한 후 1979년 1월부터 '두산유리주식회사'로 상호를 변경했다.

한편 1980년에는 신군부에 의해 합동통신이 해체·종간되는 비운을 맞게 되었다. 당시 사장을 맡았던 박용곤은 합동통신의 종간에 대해 다음과 같은 아쉬움을 피력했다.

"오랜 세월 갈고닦은 실력을 다 발휘하지도 못한 채, 또한 사회적 사명을 다하지 못한 채, 이렇게 문을 닫게 되어 섭섭한 마음 금할 길이 없습니다. 이제 여러분들은 역사에 순응해 새로운 통신사에서 더 큰 보람을 창조하시기 바랍니다."

이때 합동통신과 동양통신 양사는 '연합통신'으로 통합되었다. 이 밖에도 1975년에는 금강융단을, 1978년에는 동방여운을 정리했다.

이처럼 3세대 경영인 박용곤은 1981년 1월 '두산그룹'으로 거듭나기 직전에 유사 조직을 통폐합하거나 부실 기업을 정리하면서 새롭게 출발했다. 당시 마흔아홉의 나이에 그룹 총수 자리에 올라선 것이다.

박용곤이 두산그룹 회장으로 취임할 당시 한국 경제는 불황의 늪에서 허덕이고 있었다. 내수 시장이 침체되면서 두산그룹의 대표적 브랜드인 'OB맥주'의 소비량도 급격히 줄어들었다. 불황의 영향에 민감하게 반응하는 소비자들은 술을 적게 마셨고, 주종도 맥주에서 소주·탁주 등 더 값이 싼 술을 선호하는 쪽으로 음주 패턴이 바뀌었다.

이러한 경제 상황은 박용곤에게 경영의 실험 무대라고 할 수 있었다. 이때 그는 하나의 탈출구를 발견했다. 바로 해외시장이었다. 때마침 저유가·저환율·저금리의 이른바 '3저 현상'으로 수출 여건이 급속히 호전되고 있었다. 내수 시장은 불황인 데 비해 수출 시장은 전망이 밝았다.

장기적인 내수 시장의 불황을 타개하기 위해 박용곤은 '두산의 세계화 경영'을 내세워 해외시장 활성화에 적극 나서기로 했다. 우선 그는 회장으로 취임하기 전인 1979년 11월 미국의 시그램사와 합작 계약을 맺고 고급 양주를 생산하기로 한 계획을 적극적으로 밀고 나갔다.

동양맥주는 1981년 3월부터 경기도 이천군 부발면 고백리의 부지를 매입해 OB시그램 원액 공장을 건설하는 데 박차를 가했다. 그리고 그해 8월 1일, 제품 공장 완공과 동시에 첫 제품 '블랙스톤'을 생산했다. 원액 함량 30퍼센트 타입인 이 위스키는 당시 국내에서 양주 시장을 양분하고 있던 백화양조의 '베리나인 골드'와 진로주조의 '길벗 로얄'에 강력하게 도전하는 상품으로 부각되었다.

또 다른 한편으로 동양맥주는 1981년 5월 네덜란드의 세계적 맥주 메이커 하이네켄사와 기술 및 상표 도입 계약을 체결했다. 1981년 12월부터 국내시장에 출하된 하이네켄 맥주는 불황에도 불구하고 예상 외로 큰 호응을 얻어 고급 맥주 시장을 새롭게 형성해 나갔다.

다음 해인 1982년부터는 본격적으로 홍콩·미국 등지로 OB맥주를 수출하기 시작했다. 특히 한국 교포들이 많이 살고 있는 미국의 뉴욕·로스앤젤레스·시카고 등을 OB맥주의 미국 시장 확대 거점으로 삼아, 점차 해외 지사를 늘려나가는 전략을 구사했다.

동양맥주는 이러한 수출 시장 활성화와 함께 내수 시장 침체에도 적극 대응하기 위해 1980년부터 선보인 'OB광장'을 1981년 9월까지 전국 1243개 업소로 확대해 폭발적 호응을 얻었다. 불황 속에서 비교적 값이 싼 술을 찾는 소비자들을 겨냥해 병맥주보다 저렴한 생맥주를 공급함으로써 활로를 모색한 것이다. 1982년부터는 종전 10평 안팎이던 'OB베어'의 규모를 50~100평으로 확대한 'OB광장'으로 변모시키면서 생맥주 판매에 활력을 불어넣었다. 이러한 생맥주 판매장은 1986년부터 개설하기 시작한 'OB호프'로 그 맥을 이어가면서 맥주의 내수 시장 활성화에 큰 몫을 담당했다.

동양맥주는 국내외 시장을 적극 공략해 장기적인 불황을 타개해 나갔으며, 1983년부터 경기가 회복 기미를 보이자 그동안 중단되었던 이천공장 증설 공사에 박차를 가했다. 이 공사는 1984년 12월에 완공되었는데, 이로써 이천 OB공장은 연간 총 생산능력 43만 킬로리터를 확보해 단일 공장으로 동양 최대 규모가 되었다.

이어서 동양맥주는 1987년 4월 전남 광주에 연간 10만 킬로리터 규모의 제3공장을 준공했다. 동양맥주는 영등포 제1공장, 이천 제2공장, 광주 제3공장까지 합해 연간 생산능력 68만 킬로리터를 확보하게 되었다.

그런데 86아시안게임과 88서울올림픽 등 국제적인 행사를 앞두고 맥주 수입 개방 조치가 내려지면서 외국 맥주들이 국내에 대거 진출하게 되었다. 이에 국내 맥주 업계는 바짝 긴장하지 않을 수 없었다.

가장 먼저 발 빠르게 외국 맥주 회사와 기술 제휴를 맺은 것은 조선맥주였다. 이미 86아시안게임 이전인 1985년 7월에 덴마크의 칼스버그와 계약을 맺었다.

동양맥주는 이미 1981년부터 네덜란드의 하이네켄사와 기술 제휴를 맺고 있었으나, 계약 조건이 제대로 이루어지지 않아 지지부진한 상태에 있었다. 이때 박용곤은 하이네켄보다 훨씬 유리한 조건을 제시하는 '안호이저 부시'와 기술 제휴를 체결했다. 세계 최대 맥주 메이커인 이 회사에서는 '버드와이저'를 생산하고 있었는데, 동양맥주는 1987년 7월부터 이 제품을 출하하기 시작했다. 여기에 그치지 않고 동양맥주는 1987년 12월 맥주의 본고장 독일의 레벤브로이와도 기술 제휴를 맺어 맥주의 다양화 · 고급화를 전략적으로 추진해 나갔다.

이러한 노력의 결과 OB맥주는 86아시안게임과 88서울올림픽 공식 맥주로 지정되는 영광을 안게 되었다.

두산의 장수비법 ㉔

'인화'의 기업 정신으로 세계화 전략 성공

1980년대 초 경제 불황을 겪을 때 두산그룹 3세대 경영인 박용곤은 위기를 기회로 삼아 '세계화 전략'을 펼쳤다. 그렇게 성공적인 경영을 추진하면서 한국 재계의 대표적인 리더로 발돋움했다.

불황의 터널을 뚫고 나오는 데 가장 큰 힘이 되어준 것은 바로 '인화'라는 두산그룹의 기업가 정신이었다. 모두가 한마음으로 뭉쳐 '세계화 전략'을 추진하는 박용곤의 리더십에 적극 호응해 준 덕분에 가능한 일이었다.

25

강한 기업은
악재를 호재로 만든다

모두가 호황일 때는 기업의 근성이 잘 드러나지 않는다. 그런데 불황이 닥치거나 악재를 만났을 때, 그 위기 대처 능력을 통해 강한 체질인지 허약 체질인지 확실하게 드러나게 된다. 기업이 잘될 때는 대개 외관이 먼저 보이지만, 위기에 직면했을 때는 그 내실이 드러나기 시작하는 것이다.

이는 물이 가득 찼던 호수가 오랜 가뭄을 만났을 때의 모습과 같다. 수심이 깊은 호수는 어지간해서는 바닥을 드러내는 법이 없지만, 수심이 낮은 호수는 금세 바닥이 드러나 쩍쩍 갈라진 모습을 보인다.

박용곤이 두산그룹 회장으로 취임한 지 10년이 지난 1991년 3월 16일, 뜻하지 않은 대형 사고가 발생했다. 두산전자 구미공장에서 불의의 사고로 페놀이 누출되는 바람에 대구 시민들의 상수원인 낙동강이 오염돼 수돗물에서 악취가 발생한 것이다.

시민들의 항의 전화가 왔을 때 곧바로 정수장에서 급수 정지 조치를 취했다면 사태가 크게 번지지 않을 수 있었을 것이다. 그러나 그때는 하필 토요일이었고, 수원지에는 경험이 부족한 당직 근무자 한 명만 남긴 채 대부분의 직원들이 퇴근한 상태였다. 따라서 상수도본부에서도 즉각적인 수질 조사나 급수 정지 등 제반 조치를 취하지 못하고 말았다. 더구나 정확한 진상도 알아보지 않은 채 수돗물에서 냄새가 난다는 시민들의 제보만 받고 곧바로 악취를 없애기 위해 염소를 다량 투입한 것이 사태를 더욱 악화시켰다. 페놀이 수돗물 살균제인 염소와 화학반응을 일으켜 클로로페놀로 변하면서 300~500배로 악취가 심해져 대구시 달서구, 서구 일대 시민들의 항의가 더욱 빗발치기 시작한 것이다.

문제는 두산전자 관련 직원들에게도 있었다. 각종 언론 보도가 나가면서 여론이 비등하자, 그 엄청난 파장에 겁을 집어먹은 담당 직원들은 정확한 사고 원인을 분석해 발표하기보다는 사건 진상을 은폐하려는 데만 급급했다.

이렇게 되자 검찰의 초동수사 방향이 두산전자의 폐수 무단 방류 쪽으로 가닥을 잡아갔고, 각종 언론에서도 같은 방향으로 보도하기에 이르렀다. 즉 두산전자가 매월 500만 원의 폐기물 소각 비용을 아끼기 위해 유독성 물질인 페놀 원액을 비밀 배출구를 통해 공장 인근의 옥계천으로 방류했고, 그것이 곧 상수원인 낙동강으로 흘러들어 수돗물을 오염시켰다는 쪽으로 보도된 것이다.

처음 신문 보도는 불과 2~3단에 불과한 기사였지만, 두산그룹을 규탄하고 나서는 시민단체들의 빗발치는 항의는 걷잡을 수 없었다. 하지만 고의 방류가 아니었다. 사고 직후 페놀 유출 원인을 분석해 본 결과 두산전자 구미공장의 원액 탱크에서 수지 제조실로 통하는 지하 배관 연결 부분이 일부 파손되어 페놀 원액이 낙동강으로 흘러들어갔던 것이다.

사건 소식을 들은 박용곤은 곧바로 구미로 달려갔다.

"도대체 누가 페놀 누출 사고를 은폐한 거요? 고의 방류가 아니고 안전사고지 않소? 왜 언론에 고의 방류로 기사가 나가도록 만드느냐 말이오?"

"면목이 없습니다. 사고가 난 것이 토요일이고, 다음 날이 일요일인 데다 당직 근무자들의 경험 부족으로 발 빠르게 대처를 하지 못했습니다. 그사이 각 언론으로 불이 번지듯 추측 보도가 나가는 바람에……."

두산전자 임원의 보고를 받은 박용곤은 곧 사태의 심각성을 깨달았다.

"이것은 진정성의 문제요. 잘못된 것이 있으면 사실을 있는 그대로 밝혀야 합니다. 창업 100년을 눈앞에 둔 우리 그룹으로서 이는 치욕적인 일이 아닐 수 없소."

시민단체들은 두산전자에서 발생한 사건이지만 두산그룹 전체를 향해 항의하고 있었다.

사건이 발생한 지 5일째 되던 3월 21일, 두산전자 구미공장 공장장을 비롯해 페놀 유출 관련 임직원 6명이 구속되었다. 이러한 기사가 신문에 대서특필되면서 서울과 대구 지역 시민단체들이 두산그룹을 비난하는 성명을 발표하고 규탄 모임을 갖는 등 여론이 들끓기 시작했다.

같은 날, 위기의식을 느낀 박용곤은 두산전자 사장 양유석과 두산식품 사장 민병준을 대동하고 대구시장을 찾아가, 정식으로 대구시민들에게 사과의 뜻을 전했다. 아울러 그날 오후 7시를 기해 두산전자 구미공장의 자진 조업 중단을 지시했으며, 저녁에는 '사고수습대책위원회'를 구성해 긴급 논의를 했다.

그 결과 다음 날인 3월 22일 박용곤은 각 일간지와 방송을 통해 대국민 사과를 했으며, 이번 사건의 피해 보상과는 별도로 대구시에 수질 개선 자금으로 200억 원을 기부하겠다고 밝혔다.

두산전자의 모태는 1974년 2월 외국 기업이 세운 전자 소재 업체인 한국오크공업으로, 1979년 말 한국인 중심 경영 체제로 전환하면서 두산그룹의 일원으로 새 출발을 했다. 한국오크공업은 1980년 3월 연간 동박적층판 75만 장을 생산할 수 있는 구미공장을 완공했으며, 1983~1985년 사이에 2차에 걸쳐 에폭시 제품과 페놀 제품을 각각 생산할 수 있는 설비를 마련함으로써 연간 395만 장의 생산능력을 갖춘 대규모 공장으로 변신했다. 그리고 1986년 1월부터는 상호를 '두산전자주식회사'로 변경해, 외국 기업의 상호를 제거하고 독자적인 이미지를 구축했다.

두산그룹 전체로 볼 때 계열사 중 두산전자가 차지하는 비중은 그리 크다고 할 수 없었다. 그러나 페놀 사건으로 인해 그 불똥이 그룹 전체로 번지면서 사태는 걷잡을 수 없을 정도로 커진 것이다.

박용곤이 1991년 3월 22일 대국민 사과를 하면서 두산전자는 각종 언론에 사죄 광고를 실었는데, 오히려 이것이 타오르는 불길에 기름을 붓는 격이 되고 말았다. 대국민 사과와 사죄 광고로 사태가 수습 국면으로 접어들 줄 알았는데, 사태가 정치 문제로까지 비화되어 여·야 구분 없이 철저한 조사와 책임자 처벌을 촉구하고 나섰다. 야당은 정부의 환경 정책까지 비난하면서 환경단체 대표들과 함께 낙동강 페놀오염사건조사단을 대구에 파견해 현지 조사를 벌이기까지 했다.

두산그룹은 혼신의 힘을 다해 사태를 수습하려고 노력했지만, 각종 사회단체와 환경단체들이 '두산제품 불매운동'까지 벌이자, 졸지에 기업이 존망의 위기에까지 처하게 되었다. 두산그룹을 대표하는 브랜드인 OB맥주를 비롯한 주류 일체와 코카콜라를 대표로 하는 청량음료 등 45개 품목에 이르는 식음료 제품까지 불매운동 대상이 되면서 한때 종전 대비 35퍼센트 선까지 판매가 급감하는 타격을 입었다. 그중 가장 큰 피해를 입은 것은 OB맥주로 70퍼센트 이상을 차지하던 시장점유율이 55퍼센트까지 떨어지기도 했다.

한국을 대표하는 장수 기업이라 자처해 오던 두산그룹의 악재는 여기서 그치지 않았다. 사고가 난 지 한 달 남짓 지난 1991년 4월 22일 제2차 페놀 누출 사고가 연이어 터진 것이다. 국내 PCB 원판 수요의 80퍼센트를 공급해 온 두산전자의 조업 정지로 국내 가전 3사를 비롯한 가전업계 전체가 큰 타격을 입으면서 수출 전선에도 비상이 걸리자, 두산전자는 조업 중단 28일 만인 4월 18일부터 다시 정상 조업에 들어간 상태였다.

두산전자는 페놀 유출 1차 사고 이후 지하에 묻혔던 수송 라인을 모두 지상 라인으로 교체해 미연에 사고를 방지할 수 있도록 조처했다. 그러나 페놀 유출 사고 원인이 겨울에 수송 라인이 얼어붙으면서 배관이 막혀 일어났다는 점을 감안해 이번에는 보온 온도를 추가로 높였던 것인데, 그것이 과열되어 페놀 원액 이송 배관 이음새 부분이 파열되면서 2차 사고가 발생한 것이었다. 정상 조업을 재개한 지 불과 4일 만에 일어난 사고였다.

이러한 2차 사고 소식을 들은 박용곤은 잠시 눈앞이 깜깜해졌다. 두산그룹의 존폐 위기가 걸린 대사건이 아닐 수 없었다. 그는 1차 사건 발생 이후 밤을 지새우고 식음을 전폐하다시피 하면서 그룹 임직원들의 단결을 촉구했고, 사고 대책 수습에 동분서주했다. 그러나 2차 사고로 인해 자신이 직접 책임을 지고 회장직에서 물러나지 않으면 안 된다는 결단을 내릴 수밖에 없었다.

"대구 낙동강 페놀 유출 사고의 책임을 지고 회장직에서 사퇴합니다."

1991년 4월 24일 박용곤은 두산그룹 회장직을 다시 전 회장이었던 전문경영인 정수창에게 넘겼다.

회장직에서 물러났지만 박용곤은 어떤 고난을 감수하더라도 페놀 사태로 인한 두산그룹의 이미지를 개선하겠다고 결심했다.

이처럼 일파만파의 회오리를 일으킨 페놀 누출 2차 사고는, 발생 즉시 저장 탱크의 밸브를 잠근 덕분에 천만다행으로 대량 누출 사고로 번지지는 않았다. 또한 지체 없이 수거 작업에 나서서 약 1.5톤의 누출 원액 중에서 1.2톤 정도를 회수할 수 있었다.

이러한 신속한 대처로 파장은 장기화되지 않았고, 5월로 접어들면서 두산 제품의 불매운동도 점차 수그러들어 제품 판매량이 종전 수준을 회복했다.

그러나 이때 두산그룹을 가장 곤혹스럽게 만든 것은 페놀의 암 유발 및 기형아 출산 가능성에 대한 언론 보도가 여론을 악화시키는 자극제가 되어 대구 시민들과 시민단체들의 비난이 들끓었던 것이다. 4월 중순 이후 점차 페놀에 대해 잘못 알려진 상식들을 바로잡는 기사로 대체되었지만, 음해성 유언비어는 꼬리에 꼬리를 물고 이어졌다.

당시 피해자 접수 건수는 1만 3481건으로 보상 신청 액수는 170억 2900만 원이었다. 그중에서 특히 임산부들의 보상 요구 건수는 1376건으로 보상 신청 액수가 무려 157억 원에 달해 전체 보상 요청액의 90퍼센트를 훨씬 상회했다.

임산부에 대한 보상 문제는 1년여 이상의 의학적 조사와 분쟁조정위원회의 과학적 판정 끝에 "금번 페놀 사건은 자연유산, 사산, 기형아 출생 등 임산부들이 주장하는 피해와 인과관계가 없다고 판단되어 피해 보상이 성립되지 않는다"는 최종적인 재정 결정이 내려졌다.

임산부 피해 보상 문제는 해결되었지만, 두산그룹은 페놀 누출 사고로 인한 피해 보상금 문제를 1년 6개월 이상 협의한 끝에 총 29억 8500만 원이나 지급했다. 또한 이 같은 피해 주민들에 대한 개별적인 보상 외에 수질개선사업기금으로 대구시에 200억 원을 기부했다.

이러한 악재를 겪으면서 두산그룹은 뼈아픈 반성을 했고, 값비싼 대가를 치르면서 환경 보전의 중요성 또한 절감할 수 있었다. 그리고 그 악재를 교훈 삼아 두산그룹은 페놀 사고가 난 1991년을 '환경원년'으로 선포하고 환경관리 모범 기업으로 거듭나기 위해 혼신의 노력을 기울였다.

두산그룹은 환경원년인 1991년 5월 그룹 환경관리위원회를 발족시켰다. 페놀 누출 사고가 마무리되고 나서 정수창은 다시 박용곤에게 회장 자리를 돌려주었다.

두산그룹 회장직에서 물러난 후 두문불출하던 박용곤은 2년 만인 1992년 12월에 경영 일선에 복귀해 친환경 기업으로 거듭나기 위한 노력을 가시적으로 선보였다. 두산그룹은 페놀 사건 이후 3년 동안 약 370억 원을 환경 분야에 투자했으며, '환경경영' 차원에서 그룹 기획실과 각 계열사에 환경 전담 부서를 신설해 원부자재의 선정에서부터 생산·판매 후 처리 등에 이르기까지 경영의 모든 단계에 환경 개념이 적용되도록 시스템을 일원화했다.

이러한 노력 끝에 두산그룹은 1994년 1월 15일에 환경처가 발표한 1993년도 환경관리 모범 업체 91개 중 두산전자를 비롯한 16개 사업장이 선정되었다. 이는 페놀 사건 이후 3년간 그룹 전체에 불명예처럼 따라붙던 '공해 업체'라는 오명을 씻어낸 값진 결실이 아닐 수 없었다.

두산의 장수비법 ㉕

악재를 호재로 전환하는 지혜가 장수 기업의 저력

페놀 사건은 두산그룹의 존폐 여부가 걸려 있었을 정도로 큰 악재였으나, 다른 한편으로는 환경의 중요성에 대한 인식을 새롭게 해준 점에서 참으로 다행스러운 일이기도 했다. 이처럼 악재를 호재로 전환한 것은 '장수 기업'이라고 할 수 있는 두산그룹의 저력이 이루어낸 값진 성과라 아니할 수 없다. 악재를 이겨내고 그것을 호재로 바꾸는 저력이야말로 지속 성장하는 기업이 지닌 노하우인 것이다. 악재를 그저 악재로 인식하는 기업은 망한다. 악재에서 벗어나려고 허둥대다가 그 그림자에 깔려 주저앉고 말기 때문이다. 그러나 악재를 뒤집어 호재로 인식하는 지혜를 가진 기업은 사태를 발 빠르게 수습하고 끝까지 견뎌낸다. 그리고 위기를 전화위복의 기회로 삼아 기업을 더욱 발전해 나가게 한다.

26 경쟁에서 이기는 유일한 길은 정공법으로 승부하는 것이다

국가나 기업이나 숙명적으로 늘 경쟁 관계 속에서 살아남아야 한다. 국가는 이웃 나라와 우호적이든 적대적이든 경쟁을 해야 하고, 기업은 동종의 제품을 만드는 기업끼리 경쟁하여 살아남아야만 한다.

어떤 면에서 경쟁은 발전을 촉진하는 자극제가 될 수도 있다. 편법을 사용하지 않고 정면 승부를 하는 라이벌 기업은 '상생相生'의 관계라고 할 수 있다. 비윤리적 방식으로 상대를 공격하는 기업은 결국 정공법으로 나가는 기업을 이기지 못한다. 당장은 이득을 볼지 모르지만, 장기적으로는 도덕성 결여로 소비자의 신뢰를 획득하지 못한 채 자멸하고 말 것이기 때문이다.

동양맥주와 조선맥주는 창업 초기부터 숙명의 라이벌 관계였다.

국내 맥주 시장을 놓고 두 기업이 벌여온 경쟁은 때로 적대적 관계였다가 다 같이 사는 상생 관계로 바뀌기도 하는 등 우여곡절이 많았다.

창업 초기부터 해방 이후 한국전쟁 직후까지는 시장점유율에서 조선맥주가 동양맥주를 앞섰다. 그러나 1957년부터 동양맥주의 OB가 조선맥주의 크라운을 앞서기 시작했다. 그 후 동양맥주는 시장점유율에서 계속 업계 선두를 지켜나갔다.

그런데 1991년 두산그룹이 페놀 누출 사건으로 존폐의 기로에 몰려 있을 때 시민단체들의 '두산 상품 불매운동'의 영향으로 대표 브랜드인 OB맥주의 판매가 종전의 70퍼센트에서 55퍼센트로 떨어지는 등 큰 피해를 입었다. 그럼에도 동양맥주는 1991년 제29회 무역의 날 '1000만 불 수출의 탑'을 수상할 정도로 건재함을 과시했다.

하지만 오래도록 드라이 맥주 경쟁에서 동양맥주에게 뒤져 와신상담臥薪嘗膽을 해오던 조선맥주가 새로운 기술력을 발휘해 1993년 5월 신제품 '하이트'를 출시하면서 맥주 시장은 급격하게 요동치기 시작했다. 조선맥주는 '지하 150m 암반 천연수로 만든 맥주'라는 점을 강조했다. 페놀 사건 이후 그 후유증이 가시지 않아 '공해 업체'로 낙인찍힌 동양맥주의 약점을 이용해 국내 맥주 시장에 일대 돌풍을 일으켰다.

조선맥주의 하이트는 출시 8개월 만에 전체 맥주 시장의 8퍼센트를 차지하며 급성장했다. 뿐만 아니라 1993년 말에는 몇몇 주요 신문들이 '올해의 10대 상품'으로 선정할 만큼 선전을 거듭하고 있었다.

이렇게 되자 뒤늦게 사태의 심각성을 깨달은 동양맥주는 1994년 벽두부터 조선맥주가 광고 전략의 핵심으로 '물'을 거론하고 나온 것에 맞서 환경 문제를 부각하는 쪽으로 대응 전략을 짰다. 이미 페놀 사건이 진정되었고, 두산그룹의 16개 사업장이 환경관리 모범 업체로 선정된 마당이니만큼 '환경'을 주제로 한 광고를 내보내 그동안의 오명을 씻어내면서 조선맥주의 '물'을 주제로 한 광고를 공략하기로 한 것이었다.

동양맥주가 광고 카피로 내보낸 것은 다음과 같은 것들이었다.

"깨끗하다고 말은 하기 쉬워도 실제로 깨끗하기란 쉽지 않습니다. OB맥주는 환경처가 인정한 청정 환경에서 만들어집니다."

"깨끗한 환경이 아니면 깨끗한 맥주도 없습니다."

이와 같은 광고가 나가자 조선맥주 또한 즉각 이에 대응하는 광고를 내보내기 시작했다. 바야흐로 동양맥주와 조선맥주의 광고 전면전이 펼쳐진 것이다.

조선맥주는 전처럼 하이트가 100퍼센트 천연 암반수로 만들었음을 강조하면서 다음과 같은 카피를 내보냈다.

"물을 가려 마시듯이 맥주도 좋은 물로 만든 것을 가려 마셔야 합니다."
"맥주를 끓여서 드시겠습니까?"

조선맥주는 여기에서 그치지 않고 '말 못하는 맥주, 말할 수 있는 맥주'라는 타이틀을 내세우면서 OB와 크라운이 비교되도록 비방에 가까운 광고를 내보냈다.

"좋은 물로 만든다고 말할 수 없는 맥주가 있습니다."
"왜 다른 맥주들이 물 이야기만 나오면 꿀 먹은 벙어리인지 아십니까?"

그 표현을 보면 곧바로 동양맥주에 대한 비방임을 누구나 알 수 있게 한 것이다. 즉 '말할 수 없는'이나 '꿀 먹은 벙어리'란 표현 뒤에는 '페놀 사건'에 대한 은근한 비방이 들어 있었다. 사실상 페놀 사건은 관계사인 두산전자에서 일어난 것이지, 동양맥주의 맥주 제조와는 직접적 연관이 전혀 없는데도 그런 표현을 쓰며 명백한 비방 광고를 내보낸 것이다.

동양맥주는 1994년 2월 공정거래위원회에 조선맥주의 비방 광고에 대한 시정 명령을 요청했다. 그러는 한편 당시 일본과 미국에서 선풍적인 인기를 끌고 있던 ICE 맥주를 자체 개발해, 1994년 3월 초에 'OB아이스'란 상표로 출시했다. 그리고 나서 4월부터는 본격적으로 자체 개발한 최첨단 ICE 공법과 월드스타 강수연을 내세운 신제품 광고를 내보내기 시작했다.

동양맥주의 OB아이스 출시를 계기로 조선맥주와의 광고전은 더욱 치열해졌다.

한편 1994년 6월 22일 공정거래위원회는 동양맥주의 손을 들어줘 조선맥주의 비방 광고에 대해 시정 명령을 내리고, "소비자에게 경쟁사는 나쁜 물을 사용하기 때문에 맥주의 품질도 나쁘다는 오해를 줄 수 있다"고 판정했다. 따라서 공정위는 이와 같은 사실을 조선맥주로 하여금 중앙 일간지에 게재토록 했다.

그러나 조선맥주는 공정위의 판정을 받아들이지 않고 동양맥주의 ICE 공법을 과대·허위 광고라며 새로운 비방전을 펼쳤다. 이렇게 되자 동양맥주는 1994년 6월 29일 부정경쟁방지법 위반 혐의로 조선맥주를 형사 고발했고, 조선맥주 역시 OB아이스에 대해 허위·과장 광고를 하고 있다며 맞고소 작전으로 나왔다.

이제는 광고전이 법정 다툼으로까지 번질 판이었다. 이렇게 되자 양대 맥주 메이커의 과열 경쟁에 대해 소비자들의 비난이 쏟아지기 시작했다.

거기다 1994년 6월부터 국내 맥주의 제3 메이커인 진로 쿠어스 맥주가 뛰어들어 '카스'라는 제품을 선보이면서 동양맥주와 조선맥주의 양강 구도에 도전장을 냈다. 바야흐로 국내 맥주 메이커의 3파전이라는 새로운 국면을 맞게 된 것이었다.

조선맥주의 하이트가 돌풍을 일으키고 기존 소주 메이커였던 진로가 카스로 새롭게 맥주 시장을 잠식해 들어오자, 동양맥주는 초긴장하지 않을 수 없었다. 1994년 10월 하이트와 카스에 대응하기 위해 동양맥주는 '넥스'를 선보였다. 그러나 그것으로 일약 돌풍을 일으킨 하이트의 질주를 막기에는 역부족이었다.

동양맥주는 이때 조선맥주와 무모한 광고 싸움과 법정 다툼을 벌이는 것은 양사 모두에게 손해만 끼칠 뿐 이득이 없다고 판단했다. 더구나 진로의 카스까지 뛰어든 마당에 양사가 출혈경쟁을 벌이다가는 그동안 애써 키워온 국내 맥주 시장을 신생 메이커에 그대로 내줄 수도 있었다.

이러한 판단이 서자 동양맥주는 1995년 1월에 먼저 조선맥주에 대한 고소를 취하함으로써 화해 무드 조성에 앞장섰다. 양사 간의 출혈경쟁보다는 좀 더 건설적인 측면에서 미래 시장을 내다보고 내실을 기해 설비 자동화와 신제품 개발에 집중하기로 한 것이다. 그 노력의 결실이 그해 7월에 선보인 '카프리'와 '오비라거'였다.

카프리는 국내 최초로 투명한 병을 사용해 깨끗한 이미지를 내세웠다. 보관의 안정성도 높아 수요자나 중간 유통 관계자들에게 큰 호응을 얻었다. 뿐만 아니라 맛도 상쾌하고 디자인도 세련되어 신세대 젊은이들의 눈높이에 맞았다. 점차 늘어나고 있던 수입 맥주의 확산을 저지하는 데도 한몫을 담당했다.

또한 오비라거는 반세기 동안 한국 맥주의 대명사로 군림한 라거 제품의 새로운 변신을 꾀한 신제품으로 중·장년층에 인기가 높았다.

이러한 동양맥주의 제품 개발을 통한 정면 승부는 소비자들로부터 진정성을 인정받기에 충분했다. 과도한 광고 경쟁에서 탈피해 정공법으로 나간 것이 동양맥주가 꾸준하게 맥주 업계의 선두주자를 유지할 수 있었던 비결인 것이다.

두산의 장수비법 ㉖

고객 향한 진정성과 정면 승부하는 페어플레이 정신

두산그룹은 1990년대로 들어서면서 페놀 사건과 조선맥주와의 영양가 없는 출혈 광고 경쟁, 그리고 진로의 카스가 맥주 시장에 뛰어들며 벌어졌던 3파전의 악재를 슬기롭게 극복, 위기를 넘길 수 있었다. 즉 100년 장수 기업이 되어 1996년을 맞이하게 되었다.

언제 어디서나 진실은 통하는 법이다. 허식은 얼마 가지 못해 그 본모습을 드러내기 때문에, 기업은 진정성을 가지고 승부해야만 오래 살아남을 수 있다. '두산그룹 100년'의 장수 비결은 바로 그 진정성과 정면 승부하는 페어플레이 정신에 있다.

27 몸통을 살리기 위해서는 아픈 팔을 잘라낼 수밖에 없다

 흔히 '뼈를 깎는 아픔'이란 말을 한다. 당뇨병 환자는 족부 질환 탓에 썩어가는 발을 잘라내야 하는 경우도 있다. 그대로 방치해 두면 온몸이 다 썩어 생명을 잃을 수도 있기 때문이다.
 당뇨병과 기업은 유사한 데가 있다. 당뇨병은 흔히 너무 많은 영양을 섭취했을 때 생기는 병이라고 한다. 기업도 너무 욕심을 부리거나 큰 이익을 챙기기 위해 과도한 투자를 하다가는 결국 부실을 초래해 부도 위기에 몰리게 된다. 부실이란 어느 순간 갑자기 한꺼번에 오는 것이 아니다. 기업의 어느 한 분야부터 서서히 썩어가기 시작해, 나중에는 전체가 부도 위기에 봉착하게 되는 것이다.
 일본의 사무라이들 중 고수는 적에게 완전히 포위되었을 때 탈출하기 위해 자신의 한쪽 팔을 내준다고 한다. 즉 갑자기 팔을 뻗어 일부러 적에게 노출시킨 후, 적이 그 팔을 칼로 내려치려는 순간 몸을 빼내 도망친다는 것이다. 자칫 잘못하다가는 팔을 잃는 고통을 겪어야 하지만, 목숨을 지키기 위해 그것을 감수하는 것이다.

두산그룹은 1996년 창업 100주년을 맞았다. 한국기네스협회가 인정하는 국내 최고最古의 기업으로 창업 100주년 행사를 성황리에 마친 박용곤은 회장직을 바로 밑의 동생인 박용오에게 물려주고 자신은 경영 일선에서 물러났다. 페놀 사건으로 졸지에 정수창에게 회장직을 물려주었던 그는 1년여의 공백 끝에 경영 일선에 복귀해 두산그룹을 정상 궤도에 올려놓은 뒤 또다시 명예로운 은퇴를 선언한 것이다.

다시 새로운 100년을 시작하는 두산그룹의 최고 사령탑 박용오의 각오와 의지는 매우 도전적이었다.

"기업 100년의 전통을 바탕으로 앞으로 다시 100년의 역사를 써나가야 하는 이때에 두산 2세기의 기틀을 확고하게 다져나가야만 하겠습니다. 이제 스피드 시대를 맞아 그동안 수성과 안정 속에 발전해 온 우리 두산은 좀 더 공격적인 기업 풍토로 체질을 개선하고 과감하게 도전해 나가는 정신을 모토로 삼아야겠습니다."

박용오의 이 같은 '도전 100년'의 일성은 두산그룹 임직원들을 바짝 긴장시키기에 충분했다.

두산그룹 회장 취임사에서 밝혔듯이, 박용오는 취임 직후 100일 동안 100개 사업장을 돌면서 직접 느끼고 체험하는 현장 경영 투어를 결행했다.

그때 두산그룹은 한국 경제의 위기를 일찌감치 감지하고 있었다. 전 회장인 박용곤은 퇴임 1년 전인 1995년부터 그룹의 구조 조정 계획을 세워놓고 있었다.

박용곤은 원래 안전제일주의 경영 원칙을 갖고 있었다.

"능력이 있는 범위 내에서 한 단계씩 사업을 키워나가는 것이 우리 두산의 기본 경영 철학입니다. 남들이 한다고, 또 인기 있는 업종이라고 자금 능력이나 경영 능력을 제대로 따지지 않은 채 덤벼든다면 국가적인 낭비만 초래할 뿐입니다."

이와 같은 박용곤의 경영 철학은 이미 조부인 박승직과 부친 박두병 시대를 거치면서 그룹의 정신으로 정착된 신념이었다.

그럼에도 기업을 경영하다 보면 다소 무리수를 둘 수밖에 없는 일이 발생하는 것이 현실이다. 내부적으로 아무리 알찬 경영을 했다 하더라도 외적 영향으로 기업이 부실해지는 경우도 비일비재하다.

1990년대 중반의 한국 경제는 그야말로 풍전등화 같은 위기를 맞고 있었다. 88서울올림픽 이후 한국 경제는 호황을 누리기 시작해 기업들마다 과도한 투자를 했다. 그런데 그것이 결국 경제 발전의 발목을 잡는 걸림돌이 되어버렸다. 기업마다 자금이 제대로 돌지 않아 유동성 위기에 몰려 있었던 것이다.

늘 안전제일주의를 경영 원칙으로 삼으면서 기업을 이끌어온 두산그룹도 위기를 느끼지 않을 수 없었다. 사실상 박용곤 시대에 두산그룹은 비약적인 발전을 거듭해 왔다. 그는 사업 영역을 미래지향적으로 구축하고 시너지 효과를 극대화하기 위해 계열사를 전면적으로 개편했다. 즉 동양맥주와 두산식품을 대표로 하는 식음료 사업의 비중을 낮추는 대신 고부가가치 사업에 진출하는 전략을 구사했던 것이다. 그는 총 29개 계열사를 생활문화·정보유통·기술소재의 3개 사업군으로 나누어 독자적인 경영 전략을 구축, 그룹의 효율성과 경쟁력을 강화하기로 했다.

이에 따라 박용곤은 1995년 12월부터 세계화·개방화 시대에 능동적으로 대처하기 위해 계열사의 통폐합을 통한 대대적인 경영체제 개편을 시도했다.

첫째, 생활문화사업군으로는 동양맥주·두산음료·백화·두산종합식품·OB씨그램 등을 묶어 그룹 전체에서 30퍼센트의 비중을 차지하도록 했다.

둘째, 정보유통사업군은 두산산업·오리콤·두산농산·동아출판사·두산기업·두산창업투자·연강재단·OB베어스 등으로, 이 분야 역시 그룹 전체에서 30퍼센트의 비중을 넘지 않도록 조정했다.

셋째, 기술소재사업군은 두산건설·두산기계·두산유리·두산전자·두산제관·두산기술원 등으로 묶어 그룹 전체에서 40퍼센트의 비중을 차지할 수 있도록 했다.

이러한 체제를 갖춘 이후 박용곤은 1996년 두산그룹 100주년 기념행사를 마치고, 그해 말에 회장직을 동생 박용오에게 물려주었다. 즉 평소 행동력과 추진력이 강한 박용오에게 '21세기를 향한 성장 기반 조성'이라는 목표 아래 구조 조정의 실행을 맡겼다고 볼 수 있다.

"희망과 꿈을 간직하고 미래를 창조한다는 굳은 각오와 의지로 정진하면 또 하나의 100년을 창조하는 신화가 이룩될 수 있습니다."

이처럼 박용오는 회장 취임과 동시에 두산그룹의 새로운 신화를 써나가겠다는 포부를 밝혔다.

박용오는 박두병의 차남으로 1937년에 태어났으며, 경기고와 미국 뉴욕대학 상과를 졸업했다. 미국에서 돌아온 그는 1965년 두산산업에 입사했으며, 1977년 이 회사의 대표이사를 맡았다. 1981년에는 동양맥주 대표이사를 거쳐, 드디어 1996년 12월 60세가 되었을 때 두산그룹 회장에 취임했다.

회장 취임과 동시에 박용오는 두산그룹의 과거지향적 사풍을 버리고 관료주의와 보수의 벽을 허물어 제3의 창업을 주도적으로 실천해 나가기 위해 컨설팅 회사 '매킨지McKinsey'의 자문을 받아 과감한 구조 조정을 단행하기로 했다.

"어려운 상황일수록 현장에서 서로 최선의 노력을 다해 합심할 때 사기 앙양은 물론 도전 의지가 형성됩니다. 이러한 토양에서 강하고 우수한 인재도 배출되며 책임 경영의 풍토도 조성될 수 있습니다."

두산그룹 사업장을 두루 둘러보면서 박용오는 임직원들을 격려, 현장 중시의 경영 철학을 역설했다.

그는 1996년부터 2002년까지 5단계에 걸쳐 과감한 구조 조정을 실시했다. OB맥주 영등포공장, 을지로 사옥, 한국 3M 지분 및 한국코닥 지분 등 알짜배기를 팔아 유동성 자금을 확보했다. 이때 구조 조정을 하지 않았다면 두산그룹은 1997년 말 IMF 구제금융 사태가 발생했을 때 큰 위기에 봉착했을 것이다.

1998년으로 들어서면서 한국 경제가 본격적인 금융 위기에 휘말리자, 두산그룹은 주력 기업인 OB맥주마저 세계 최대 맥주 업체인 벨기에의 안호이저-부시 인베브에 매각했다. 이때 OB맥주를 매각하지 않았다면 두산그룹 전체가 흔들렸을 수도 있을 정도로 유동성 자금에 대한 압박이 극심했던 것이다.

그렇게 두산그룹은 뼈아픈 고통을 감수하면서 알짜배기 사업들을 정리해 흑자 구조로 전환, 재무 구조를 크게 개선하면서 유동성 위기를 슬기롭게 극복했다. 이처럼 성장 기반을 확충한 두산그룹은 미래의 사업 가치에 중점을 두고 본격적인 인수합병에 착수했다. 2001년 한국중공업을 인수해 '두산중공업'으로 회사명을 고쳐 중공업을 핵심 사업 분야로 키워나갔으며, 2004년에는 두산건설이 현대그룹 계열사인 고려산업개발을 인수해 두산산업개발로 새롭게 출발했다. 또한 2005년에는 대우종합기계를 인수해 '두산인프라코어'로 회사명을 개칭했으며, 2006년에는 연합캐피탈을 인수해 '두산캐피탈'로 새롭게 탈바꿈시켜 21세기에 걸맞은 두산그룹의 사업군으로 확장시켜 나갔다.

그러나 박용오의 이러한 혁신적인 체질 개선에도 제동이 걸렸다. 2005년 두산그룹의 명예회장인 박용곤이 가족회의에서 부친 박두병의 '공동 소유, 공동 경영'의 원칙을 내세워 셋째인 박용성에게 다음 회장을 맡긴 것이었다.

이때 두산그룹의 혁신에 박차를 가해 온 박용오는 서운한 마음을 금할 수 없었다. 내심 아직도 자신이 회장으로서 할 일이 많다고 생각했는지도 모른다. 혁신은 앞으로도 계속되어야 하고, 따라서 자신의 계획을 중도에 포기할 수 없었던 것이다.

박용오는 가족회의에서 결정된 일을 번복할 수는 없다고 판단했지만, 그 반발 심리로 자신이 있을 때 고려산업개발을 합병해 만든 회사인 두산산업개발의 계열 분리를 요구했다. 두산산업개발을 두산그룹에서 완전히 분리해 자신의 기업으로 키워나가고 싶었던 것이다.

이때 장남 박용곤이 선대의 기업 정신인 '공동 소유, 공동 경영'의 원칙을 내세워 박용오의 계열 분리 요구를 받아들이지 않았다. 그것은 두산그룹의 사훈인 '인화' 정신에도 위배되는 일임을 강조한 것이다. 결국 두산 일가의 가족회의 결과대로 박두병의 셋째 아들 박용성이 두산그룹 회장으로 추대되었다.

이렇게 회장 자리에서 밀려난 박용오는 바로 밑의 동생인 박용성의 비리를 공개하는 성명서를 발표했다.

"박용성 회장과 박용만 부회장이 그동안 수천억 원에 달하는 비자금을 조성, 사적으로 유용하고 해외 밀반출을 해왔던 것이 최근 본인에게 적발되자, 공모해 일방적으로 명예회장으로 발표하는 등 도덕적으로 있을 수 없는 행동을 했다."

당시 한국야구위원회^{KBO} 총재였던 박용오는 이 같은 성명서를 야구회관에서 발표했다.

이에 두산그룹은 발칵 뒤집혔으며, 곧 다음과 같은 성명을 발표하면서 불길이 형제 싸움으로 번졌다.

"박용오 전 회장의 주장은 사실 무근이며 회장직 이양을 결정한 가족회의 결과에 반발해 꾸민 짓이다."

'인화'를 사훈으로 내걸고 100여 년 전통을 이어온 두산그룹은 이러한 형제간의 싸움으로 기업 이미지가 실추되는 일대 위기에 봉착했다.

두산그룹의 성명에 박용오는 더 크게 반발했다. 그는 측근을 통해 검찰에 제출한 진정서에서, "동생인 박용성 그룹 신임 회장이 20여 년간 생맥주 체인점인 태맥이라는 회사를 운영하면서 350억~450억 원가량의 비자금을 조성해 개인적으로 착복했다"고 주장했다. 뿐만 아니라 '그룹 오너 가족들이 20여 년간 총 1700억 원의 비자금을 조직적으로 조성했다'고 밝혔다.

이 같은 박용오의 진정서는 큰 파장을 일으키기에 충분했다. 결국 검찰 수사와 재판으로 이어져, 그룹 회장직을 놓고 벌이는 형제간의 법정 싸움으로까지 사건이 비화되었다.

두산의 장수비법 ㉗

대를 위해 소를 희생시키는 결단의 엄중함

두산그룹은 뼈를 깎는 고통으로 구조 조정을 단행해 슬기롭게 IMF 구제금융 위기를 극복할 수 있었다. 기업이 살아남기 위해서는 때로 아픈 팔을 잘라내는 용단, 즉 고통스럽지만 대를 위해 소를 희생시키는 결단이 필요할 때도 있는 것이다.

그런데 공교롭게도 구조 조정을 진두지휘한 박용오 두산그룹 회장은 형제간의 회장 승계 과정에서 그 자신이 구조 조정의 대상이 되고 말았다. 가족회의에 반발해 그룹의 계열 분리를 주장하던 그는 결국 형제들과 반목해 아예 두산그룹에서 밀려나게 되었다. 당시 두산의 맏형인 박용곤은 뼈아픈 고통을 감내하며 대^{두산그룹}를 위해 소^{박용오}를 희생시키는 결단을 내릴 수밖에 없었다.

28 다방면에 걸친 책 읽기를 통해 경영 노하우를 익히다

흔히 '책 속에 길이 있다'고 말한다. 세계적인 리더들 중에서는 유독 독서광이 많다. 그들의 리더십은 바로 책 속에서 얻은 노하우를 통해 발휘된다.

특히 21세기 정보화시대에는 '인문학'이 중요한 화두로 떠오르고 있다. 따라서 독서를 통해 습득한 다양한 지식과 정보는 간접 체험이지만 동서고금의 지혜를 얻어낼 수 있는 아이디어의 보고이자 상상력의 원천이 되고 있다.

정보화시대의 새로운 화두는 '융합'이다. 요즘 전자 산업에서는 융합을 통한 아이디어 창출의 대표적인 기기로 '스마트폰'이 등장해 이동통신과 인터넷, 각종 게임 등 다양한 문화 산업에 큰 영향을 주고 있다. 기기 하나에 여러 기능을 담는 것, 그것이 바로 융합 기술이다. 이러한 융합 아이디어야말로 인문학을 원천으로 한 상상력에서 나온다고 할 수 있다.

21세기형 경영 또한 인문학적 지식으로 무장한 리더의 상상력을 통해 큰 힘을 발휘할 수 있음은 물론이다. 그러나 이때 지식은 하나의 재료라고 볼 수 있다. 그 지식이 모이고 쌓여서 '생각' 이라는 통로를 지나 오랜 숙성 과정을 거치면 지혜가 되는데, 리더들은 바로 그 지혜를 통해 아이디어를 창출하고 미래의 부가가치 산업을 육성해 나간다.

두산그룹은 3세대 경영인 체제로 들어서면서 형제들이 서로 바통을 이어 회장직을 맡아왔다. 그런데 박용오에서 박용성으로 이어지는 길목에서 '형제간의 싸움' 이라는 암초에 걸려 그 명예에 큰 상처를 입은 것 또한 사실이다.

형제간의 법정 다툼으로 인해 박용성은 2005년 가족회의 결과대로 회장 자리에 바로 앉지 못했다. 법정 문제가 해결된 뒤인 2007년에야 두산중공업 회장으로 경영 일선에 복귀한 것이다.

"글로벌 스탠더드에 걸맞은 인재를 등용하고, 경쟁력 있는 신사업 개발에 힘쓰겠습니다."

두산그룹의 리더로서 박용성이 내세운 경영 포인트는 '인재 개발' 과 '신사업 개발' 두 가지로 요약할 수 있다.

박용성은 박두병의 셋째 아들로 1940년생이다. 그는 경기고와 서울대학교 상과대학을 나와, 미국 뉴욕대학교 경영대학원을 졸업하는 등 엘리트 코스를 거쳤다. 미국에서 돌아온 직후인 1965년 한국상업은행에 입사했으며, 그 후 한국투자금융 영업부장과 상무를 거치는 등 금융 실무를 제대로 익혔다. 부친인 박두병이나 맏형 박용곤처럼 은행에서 실전을 쌓으며 리더로서 갖춰야 할 기반을 탄탄하게 다졌다고 볼 수 있다.

이처럼 은행 실무를 익힌 박용성은 1974년 두산식품 전무이사로 그룹 계열사에 들어와 1984년 동양맥주 대표이사, 1994년 OB맥주 회장, 2001년 두산중공업 회장 등을 거쳤다. 특히 맏형 박용곤이 두산그룹 회장으로 있을 때 그룹의 기획실장을 맡아 매우 의욕적인 활동을 펼쳤다. 더구나 박용성은 그의 다른 형제들보다 문화적 마인드를 갖고 있었는데, 사진을 잘 찍기로도 유명했다. 한국 기업가들 중에서 독서광으로도 잘 알려져 있으며, 경제경영서보다는 인문학 저서나 소설 등 문학책을 즐겨 읽는다고 한다.

"외국에 출장 갈 때면 책을 스포츠백으로 하나 가득 사옵니다. 경제경영서도 중요하지만, 다양한 책 읽기를 통해 지식을 습득하는 것이 오히려 경영에 더 큰 도움이 됩니다."

이러한 박용성의 학문적 욕구와 책 사랑은 인재 육성으로 이어져 2008년 중앙대학교를 인수하는 결과로 나타났다. 그는 중앙대학교 이사장을 겸임하는 취임사에서 다음과 같이 선언했다.

"기업의 경영 기법을 학교에 도입해 최고의 경쟁력을 가진 대학으로 만들겠습니다. 앞으로 우리 사회는 기업 혼자서는 발전할 수 없고, 지역사회 및 대학 등과 폭넓은 협력 관계를 이뤄나가야 한다는 생각으로 중앙대 재단에 참여하게 됐습니다. 국가와 사회가 요구하는 경쟁력 있는 인재를 배출해 사회적 책임을 다할 것입니다."

박용성은 대학도 대대적인 개혁이 필요함을 애써 강조했다. 그는 사회에 나가 밥벌이도 제대로 못하는 교육을 시켜 무엇을 하겠느냐며, 사회에 바로 적응할 수 있는 실무적인 교육 시스템을 만들겠다고 역설했다. 따라서 대학의 커리큘럼도 새로운 교육 시스템에 따라 재정비하는 과정을 거쳐야 한다는 것이었다. 기업만 구조 조정이 필요한 것이 아니라 오랜 관습에 젖어 있는 대학의 낡은 구조부터 뜯어고쳐야 한다는 입장을 고수했다. 대학 교육을 공급자 중심이 아닌 수요자 중심으로 바꾸어야 한다는 파격적인 제안은, 기존 시스템을 고수해 온 대학 사회를 충격에 빠뜨리기도 했다.

한편 박용성은 《꿈을 가진 자만이 이룰 수 있다》는 자서전에서 다음과 같은 견해를 피력하기도 했다.

"냄비 속에 개구리를 넣고 (…) 서서히 열을 가했다. 그러나 개구리는 높아지는 수온에 적응하려고만 할 뿐 (…) 끝내 죽고 말았다. (…) 문제는 어지간한 변화에도 끄덕 않고 자신만만하던 개구리일지라도 서서히 조금씩 다가오는 전체 변화의 심각성을 감지하지 못해 불행을 당했다는 사실이다."

박용성의 경영 철학은 현실에 안주하지 말라는 것이다. 현실적 분위기에 맞춰 대응해 나가다가는 스피드 시대에 살아남을 수 없으므로 과감한 개혁이 필요하다는 것을 역설한 것이다. 그러나 박용성의 시대는 두산그룹에서 그리 길지 않았다. 물론 그의 개혁 정신이 두산그룹의 미래 비전에 담겨 진행 중인 것은 사실이지만, 아직 그 성과를 거두기에는 이른 시점이다. 특히 '백년지대계百年之大計'라는 교육 분야는 빠른 시일 내에 결과론을 따져볼 수 없는 일이라서 섣불리 판단하기 어렵다. 오랜 시간을 두고 지켜볼 일이다.

박용성 시대는 2009년 3월에 막을 내리고 박두병의 넷째 아들인 박용현이 두산그룹의 회장이 되었다. 회장 자리를 바로 밑 동생에게 물려주고 용퇴한 박용성은 그 후 국제올림픽조직위원회IOC 위원으로서 스포츠계를 이끄는 리더로 떠올랐다. 그는 이미 1989년 대한올림픽위원회 부위원장, 1995년 국제유도연맹회장을 거쳐, 2001년 IOC 위원으로 선출되어 국제적인 스포츠 인사로 활동한 바 있다.

두산의 장수비법 ㉘

세상을 융합하는 창의적 인재를 양성하라

두산그룹이 중앙대학교를 인수한 것은 당시 회장 박용성의 '인재 양성'에 대한 절실한 바람이 있었기 때문이었다. 《꿈을 가진 자만이 이룰 수 있다》는 그의 자서전 제목에서도 알 수 있듯, 교육은 미래의 희망이자 간절한 꿈이었다. 지속 성장하는 기업, 백년대계를 이룩하는 기업의 성패는 어떤 인재들이 적재적소에 배치되어 있느냐에 달려 있다. 독서광 박용성이 생각하는 인재는 바로 다양한 책 읽기를 통해 '융합' 아이디어를 도출하고, 경영의 노하우로 '인화'를 실천하는 인물을 말한다. 그런 의미에서 '융합'과 '인화'는 일맥상통한다고 할 수 있다.

29 글로벌 경쟁력 확보로 세계 일류 기업의 초석을 다지다

세계가 글로벌 경제 시대로 접어들면서 기업들은 무한 경쟁의 치열한 시장 쟁탈전에 돌입했다. 기업들은 글로벌 경쟁력을 확보하지 않고는 살아남기 어려워졌다. 이제 더 이상 국내 기업에 머물 수 없고 세계적인 기업으로 거듭나지 않으면 안 되는 처지에 놓이게 된 것이다.

세계 일류 기업이 되기 위해서는 글로벌 스탠더드를 바탕으로 한 새로운 경영 패턴이 제시되어야만 한다. 기술력·자본력을 기반으로 한 글로벌 리더십이 절대적으로 요구된다. 기업을 움직이는 리더의 역할이 더없이 중요한 시대가 된 것이다.

두산그룹은 2009년 박두병의 넷째 아들인 박용현을 회장으로 추대했다. 그는 그룹 회장이 되면서 '글로벌 경영'을 선언했고, 이를 실천하기 위해 ㈜두산을 지주회사로 전환해 글로벌 경쟁 시대에 걸맞은 기업 경영 시스템을 도입하고자 했다.

"글로벌 일류 기업이 되기 위해서는 무엇보다도 재무적으로 건실한 안정적 기업 체제를 갖추어야만 합니다. 두산그룹은 한국기네스협회가 인정하는 최장수 기업으로 113년의 역사를 자랑하고 있습니다. 이제 다시 새로운 100년의 역사를 써나가기 위해서 우리는 혼신의 노력을 경주해야 할 것입니다."

신임 회장 박용현의 취임사다.

이처럼 박용현은 취임과 동시에 글로벌 기업으로 도약한다는 목표를 설정하고, 이를 위해 글로벌 인재 육성, 글로벌 핵심 기술 개발, 글로벌 경영 시스템 구축 등에 주력하겠다고 천명했다.

두산그룹의 형제들 중 박용현의 경력은 좀 특이한 편이다. 1943년에 출생한 그는 경기고를 거쳐 서울대학교 의과대학을 나와 오래도록 서울대병원에서 외과의사로 재직했으며, 1998년에서 2004년까지 2회에 걸쳐 서울대병원장을 지냈다.

다른 형제들이 모두 국내외 일류 대학에서 경영학을 전공해 금융계에 투신했다가 두산그룹 경영에 참여한 것에 비하면 박용현은 조금 색다른 경력의 소유자라 할 수 있다. 그가 두산그룹 회장이 될 수 있었던 것은 아마도 두 차례에 걸쳐 서울대병원장으로서 병원 경영을 하며 쌓은 경험이 남달랐기 때문일 것이다.

당시 서울대병원은 적자를 면치 못하고 있었다. 해마다 정부의 지원이 필요했는데, 박용현은 병원장으로 취임한 이후 자체적으로 노력해 자립할 수 있는 길을 모색했다. 조부 때부터 100년 장수 기업을 이끌어온 기업가 집안의 유전자 때문일까? 그는 병원에 기업 경영 마인드를 접목시켰다. 손익 계산을 철저히 따지고 적자가 나는 분야는 그 이유를 철저히 찾아내 시스템을 고쳐나갔으며, 흑자를 낼 수 있는 새로운 사업 개발에 전력을 다했다.

"병원도 수익성을 갖춰 흑자를 내야만 합니다. 물론 환자에게 큰 부담을 주면서까지 흑자 기조를 만든다는 것은 현실적으로 어려움이 많지만, 새로운 사업 분야를 개척해 이익을 창출해야만 합니다."

이처럼 기업 마인드를 병원 경영에 적극 반영해 재임 시절에 서울 강남에 건강검진센터를, 분당에 서울대분당병원을 건립해 적자를 흑자로 전환시키는 데 성공했다.

서울대병원장으로서의 성공은 박용현을 두산그룹 경영 일선에 끌어들이게 하는 계기로 작용했다. 그는 병원장 임기가 3년이나 남은 2004년에 서울대병원장에서 물러났다. 두산그룹에서 그를 필요로 했기 때문이다. 그는 2005년 연강재단 이사장을 거쳐, 2007년 두산건설 회장에 취임하면서 본격적인 기업 경영에 참여했다. 그리고 드디어 2009년, 박용현은 박용성의 뒤를 이어 두산그룹 회장에 취임했다.

박용현은 조용한 성품에 선비 같은 이미지를 풍긴다. 그가 회장이 된 것은 기업 이미지 쇄신과도 관련이 깊다고 할 수 있다. 사실상 그에게는 내부적으로 바로 몇 해 전에 '형제의 난'으로 실추된 두산그룹의 기업 이미지를 쇄신해야 하는 막중한 임무까지 주어져 있었다.

더구나 박용현이 회장에 취임한 2009년 11월, '형제의 난'의 당사자이기도 했던 둘째 형 박용오가 스스로 목숨을 끊는 사건이 일어나면서 그의 책임감은 더욱 막중해질 수밖에 없었다.

이때 박용현은 두산그룹 회장 취임사에서도 밝혔듯, '변화와 포용'이라는 경영 키워드의 중요성을 다시 한 번 절감했다.

박용현은 기업의 변화만이 글로벌 무한 경쟁 시대에서 살아남을 수 있다고 판단했다. 이러한 '이노베이션 전략'은 기업이 현실에 안주하지 않고 미래를 향해 도전하는 저력으로 작용한다고 생각했다. 따라서 그는 다음과 같은 경영 목표를 세웠다.

첫째, 기업 가치의 극대화를 통해 글로벌 경쟁력을 확보한다.

둘째, 이사회 중심의 경영 체제를 갖추어 합리적인 기업 운영을 이끌어낸다.

셋째, 글로벌 스탠더드에 맞는 기업 경영 방식 및 인프라 구축을 통해 세계 일류 기업으로 재탄생한다.

넷째, 두산 고유의 기업 정신인 '인화'를 더욱 공고히 하고, 이를 그룹 전체에 파급시킨다.

다섯째, 사회 공헌 활동을 강화해 나간다.

박용현은 두산그룹을 이끄는 총사령관이었지만 '부드러운 카리스마'로 잘 알려져 있었다. 성격도 소탈한 편으로 '현장 경영'과 '소통 경영'을 중시했다.

"이제 상명하달식의 권위주의적 문화는 청산돼야 합니다. 아랫 사람이 'No'라고 할 수도 있고, 'No'라고 해도 받아들일 수 있는, 소통이 원활한 기업 문화가 필요한 때입니다. 이것이 두산의 전통이며 앞으로도 지속될 기업 문화라고 생각합니다."

그는 또 합리적 사고를 하면서도 프로 감각을 잃지 않았다. 그의 리더십 아래 두산그룹은 2011년 매출 26조 2000억 원을 달성, 사상 최대의 실적을 기록했다.

"준비하는 기업만이 경쟁 기업보다 앞서 나갈 수 있습니다. 어려운 때일수록 기본에 충실하면서 지속 가능한 미래 성장 동력을 확보하는 데 한층 더 힘을 기울여야 할 것입니다."

박용현은 지속 가능한 성장 구도의 해법을 글로벌 경영에서 찾았다. 늘 준비하고 능동적으로 변화하는 기업만이 미래의 성장을 약속할 수 있다고 임직원들에게 누차 강조했다.

2012년 3월, 박용현은 취임 3년 만에 회장 자리에서 물러났다. 공동 경영의 전통에 따라 바로 밑의 동생 박용만에게 두산그룹 경영권의 바통을 넘겨준 것이다.

"그동안 할 만큼 했고 보람도 많았습니다. 이제 정글에서 아주 떠날 때가 됐습니다."

박용현은 퇴임식도 없이 조용히 회장직을 동생 박용만에게 물려주고, 그의 표현대로 글로벌 시대의 '정글'을 떠났다.

두산의 장수비법 ㉙

변화와 포용 갖춘 글로벌 경쟁력으로 정글에서 살아남다

두산그룹 회장직에서 물러나면서 밝힌 박용현의 표현대로 '정글'은 약육강식의 법칙에 따라 살아가는 동물들의 세계다. 글로벌 시장이 바로 그렇다는 이야기다. 힘이 강하지 않으면 글로벌 시장에서 언제 사라질지 모르는 것이 글로벌 기업들의 운명이다.

글로벌 시장에서도 '정글'의 세계에서처럼 강한 기업만이 살아남기 때문에, 언제나 위기에 대비해 힘을 기르는 준비 자세가 필요하다. 박용현의 '기본에 충실한다'는 말은 글로벌 스탠더드를 통해 더욱 튼튼한 기업을 만들어 위기에 만전을 기하겠다는 의미로 해석할 수 있다.

30 기업은 지속적으로 '꿈'을 키우고 '혁신'으로 먹고산다

한때 '꿈은 이루어진다'는 말이 유행한 적이 있다. 꿈을 꾸면 언젠가는 목표하는 바를 달성한다는 의미다. 그런데 이때 목표를 달성하는 것으로 모든 것이 끝났다고 볼 수는 없다. 꿈은 계속 키워나가야 하고, 그래서 일단 목표를 달성하면 다시 새롭게 꿈을 키워 지속 성장을 거듭해야만 하는 것이다.

장수하는 기업이 지속 성장하는 비밀은 계속해서 꿈을 키워나간다는 데 있다. 기업은 '혁신'을 통해 그 꿈을 키워나가는 데 필요한 자양분을 얻는다. 기업에 있어 '꿈'과 '혁신'은 생명의 '들숨'과 '날숨'처럼 순환을 거듭하면서 지속적으로 생명력을 키워나가는 키워드라 할 수 있다.

두산그룹은 2012년 3월 박용현의 뒤를 이어 박두병의 다섯째 아들 박용만이 회장 자리를 이어받으면서 더욱 활력을 찾기 시작했다. 2006년 '형제의 난' 이후 실추된 기업 이미지를 회복하기 위해 부단히 노력을 기울여왔지만, 그룹 전체에 활력을 불어넣는 데는 다소 미진한 점이 없지 않았다.

그러던 차에 M&A의 귀재로 알려진 박용만의 전면적인 등장은 그 자체만으로도 두산그룹의 새로운 활력소로 작용했다. 1955년생인 그는 경기고등학교와 서울대학교를 거쳐 미국 보스턴대학 경영대학원에서 MBA 과정을 마친 후 두산그룹의 여러 계열사에서 경영 수업을 착실히 받아온 인물이다. 맏형인 박용곤을 빼고는 위의 형들보다 비교적 이른 나이인 58세에 그룹 회장이 되었다. 그룹 경영에 젊은 피를 수혈했다고 평가될 만큼 활력을 불어넣는 신세대 형 그룹 오너라 할 수 있다.

두산그룹 회장 취임식에서 그는 다음과 같은 포부를 밝혔다.

"강력한 기업 문화 구축을 통해 세계 속의 자랑스러운 두산그룹을 만들겠습니다. 두산은 116년이라는 긴 역사 속에서 많은 변화를 거듭하며 발전해 왔고, ISB$^{인프라 지원 사업}$ 중심 그룹으로 전환, 글로벌 시장 확대 등을 통해 30여 개국에서 3만 9000여 명이 일하는 다국적 기업으로 성장했습니다. 앞으로 두산이 폭발적 성장을 이어가려면 구성원들 각자가 지역과 배경은 달라도 통일된 가치와 사고방식을 가져야만 한다고 생각합니다."

이처럼 박용만 회장의 자신에 찬 목소리는 두산그룹 임직원들에게 새로운 희망을 불어넣기에 충분했다.

그는 현재 두산그룹에 필요한 것은 사고와 가치의 준거가 되는 강력한 기업 문화라고 역설했다. 즉 기업 문화를 발현하고 뿌리내리는 것은 사람이므로 '사람이 미래'라는 전략을 더욱 역동적으로 추진할 것임을 천명한 것이다.

특히 박용만 회장은 강약(強弱)을 잘 조절할 줄 아는 리더로도 정평이 나 있다. 인수·합병(M&A)을 통한 기업의 체질 강화가 '강(强)'의 리더십'이라면, 그가 핵심으로 내세우는 '따뜻한 성과주의'는 두산그룹의 기업 문화를 이끌어온 '인화'를 강조하는 '약(弱)'의 리더십'이라 할 수 있다. 그러나 이때의 '약'은 '약함'이 아니라 '부드러움'을 뜻한다.

인재 양성에서 '부드러운 리더십'을 실천 명제로 삼은 박용만 회장은 '따뜻한 성과주의'에 대해 다음과 같이 피력하고 있다.

"사람을 키우는 전략의 중심에 따뜻한 성과주의를 둘 것입니다. 이러한 따뜻한 성과주의가 뿌리내리려면 시장과 경쟁에 휘둘리지 않는 탁월한 수준의 제품과 기술을 확보하고, 전 조직이 지속적 성장을 위해 매진해야 합니다."

이처럼 박용만이 강조하는 '따뜻한 성과주의'란 구성원 간의 끝없는 경쟁과 도태가 반복되는 '냉혹한 성과주의'에 반대되는 개념이다. 다시 말하면 구성원들이 스스로 성장해 갈 뿐 아니라 기업 내에서 성장의 기회를 얻고 있다는 자긍심을 느끼면서 성과에 기여하는 것을 뜻한다고 할 수 있다.

박용만은 재계에서 인재 경영과 소통에 능통한 경영인으로 손꼽

한다. 특히 '사람이 미래다'라는 광고 시리즈 카피를 직접 작성할 정도로 인재의 중요성을 강조해 왔으며, 임직원들과 허물없는 대화를 나누기 위해 사내 SNS 채널을 직접 만들기도 했다. 트위터에서도 팔로어가 13만 명이 넘을 정도로 신세대 감각을 가진 그룹 리더다.

이미 인수·합병의 귀재로도 정평이 나 있는 박용만 회장은 1990년대 중반부터 강력한 구조 조정과 인수·합병으로 두산그룹을 국내 소비재 기업에서 글로벌 ISB 기업으로 변신시키는 데 주도적 역할을 했다. 특히 지난 2001년 한국중공업^현 두산중공업, 2005년 대우종합기계^현 두산인프라코어를 인수해 두산의 사업 방향을 전환했으며, 2007년 원천 기술 확보와 해외시장 확대를 위해 '밥캣' 등의 인수를 실무적으로 주도한 바 있다.

박용만은 또 '걷기 예찬자'로도 통하는데, 2002년 허리 디스크 수술을 세 번이나 받고 나서 허리 치유를 위해 걷기를 시작했다고 한다. 걷기를 하면서 척추를 감싸는 근육이 강화돼 통증이 줄어들었다는 것이다.

"걷기엔 세 가지 즐거움이 있습니다. 육체적인 고단함을 이기고 뭔가를 이뤄냈다는 성취감, 동반자들과 같이 떠들고 웃으며 걷는 데서 오는 교류의 기쁨, 인간의 한계를 깨달으면서 갖게 되는 겸허함이지요."

이러한 즐거움을 만끽하기 위해 걷기를 즐기는 박용만은 특히 기발한 아이디어로 의미를 부여한 이벤트 행사를 하는 것으로도 유명하다. 그는 두산인프라코어 부회장으로 있을 때인 2004년 11월부터 2005년 8월까지 주말을 이용해 32회에 걸쳐 서울 종로4가 배오개에서 해남 땅끝마을까지 550여 킬로미터를 걸었다. '배땅 프로젝트'라고 이름 붙인 이 여정은 두산의 창업자이자 자신의 조부인 박승직의 발자취를 더듬는 걷기 운동 이벤트였다. 보부상이었던 박승직은 해남에서 장사 기술을 익힌 후 상경해 배오개에서 두산그룹의 모태인 '박승직상점'을 열었다. 박용만은 두산의 역사를 되돌아보며 창업자인 조부의 경영 정신을 마음속에 아로새기기 위해 '배땅 프로젝트'를 기획했던 것인데, 1년 9개월 만에 답사 여정을 모두 끝냈다.

이렇게 국토 종단을 마친 박용만은 2006년 11월부터 국토 횡단을 시작했다. 두산인프라코어 인천공장에서 강원도 강릉의 두산주류 소주 공장까지 걷는 여정이었다. 그는 이 장정을 '우보천리 붕정만리牛步千里 鵬程萬里'라고 명명했다. '소처럼 우직하게 걷되, 한 번 날갯짓에 만 리를 가는 대붕大鵬처럼 큰 뜻을 품어보겠다'는 취지에서였다.

박용만은 사업과 걷기야말로 일맥상통하는 데가 있다고 역설하기도 했다.

"아무리 빨리 가고 싶어도 걷는 데는 한계가 있지요. 스피드가 생명인 사업과 느림의 미학을 갖고 있는 걷기는 상반된 것처럼 보이지만, 절대 무리를 해서는 안 된다는 점에서 통하지요."

박용만은 길을 걷다가 모진 겨울을 견뎌낸 후 봄이 오면 새롭게 싹이 돋는 잡초를 보며 기업의 끈질긴 생명력을 떠올리기도 했다. 기업에도 시련이 닥칠 때가 있는데, 그럴 때면 길가의 잡초처럼 꿋꿋이 극복해야 한다는 것을 깨닫곤 했던 것이다.

무엇보다 박용만이 재계의 스포트라이트를 한 몸에 받은 것은 그가 두산인프라코어 부회장으로 있었던 2007년, 세계적인 건설기계 회사 '밥캣'을 인수하면서부터다. 당시 그는 2012년까지 세계 5위의 건설 중장비 회사를 만들겠다는 포부를 밝힌 바 있으며, 또한 M&A를 무기로 2015년까지 두산그룹의 연간 매출액을 100조 원으로 올려놓겠다는 의지를 보였다.

이러한 의지 표명이 박용만을 두산그룹의 최고 리더로 부각시키는 계기로 작용했는지도 모른다.

두산그룹이 해외 기업을 인수·합병하는 것을 비판하는 사람들도 더러 있었다. 박용만은 그런 사람들을 향해 다음과 같이 말했다.

"우리보고 왕성한 식욕을 가진 회사다, 먹다 체한 회사다, 라는 이야기를 많이 합니다. 그러나 이는 현실을 모르고 하는 소리입니다. 오늘날과 같은 글로벌 시대에 세계적 업체와의 기술 격차를 줄이기 위해 우리는 M&A를 통해 시간을 산 것일 뿐입니다. 세계적 기업과 대등한 경쟁을 벌이려면 원천 기술을 가진 기업을 인수해 단기간 내에 진보를 이룬 뒤 인력을 집중 투입하는 것이 현실적인 대안이라 판단했기 때문입니다."

이처럼 M&A의 귀재로 통하지만 박용만도 구조 조정 과정에서 실패를 맛본 경험이 있다. 1990년 초반 두산음료 상무로 있을 때

자판기 사업을 펼쳤다가 실패한 적이 있으며, 1997년 진로가 녹색 병의 '참나무통 맑은 소주'를 선보여 선풍적 인기를 끌 때 이에 맞서 청보라색 병의 '청색시대'란 소주를 선보였다가 소비자들로부터 철저히 외면받아 출시 3개월 만에 생산을 중단한 뼈아픈 기억도 있다. 거기다 '청색시대'의 실패를 만회해 보고자 1999년에는 쌀로 빚은 '미소주'를 내놓았다가 다시 소비자들의 반응이 시원찮아 4개월 만에 생산을 중단하는 등 연속적으로 같은 실패를 두 번이나 겪기도 했다.

"그때 느낀 것은 실패도 학습할 시간이 필요하다는 것이었습니다. 너무 급하게 드라이브를 걸어 새로운 제품을 내놓다 보니 같은 실패를 두 번씩이나 겪은 셈이지요."

그러나 박용만은 그러한 '실패'를 통해 다음과 같은 경영 비법을 배웠다. 그는 이것을 '실패의 경영학'이라 명명했다.

첫째, 곰탕집이 잘된다고 그릇까지 팔면 망한다.

둘째, 너무 앞서 달리면 넘어지기 쉽다.

셋째, 실패도 학습할 시간이 필요하다.

넷째, 포용하면서 변화를 시도하라.

다섯째, 조직을 진짜 글로벌 표준에 맞춰라.

여섯째, 넘어지면서 안전하게 걷는 법을 배워라.

박용만은 특히 글로벌 시대에는 인재만큼 중요한 것이 없다고 역설한다. 이미 2002년부터 매년 대학을 순회하며 직접 두산 채용 설명회에 참석해 마이크를 잡는 것으로도 유명하다.

2012년 두산그룹 회장이 된 후에도 대학의 두산 채용 설명회에서 마이크를 잡고, 1000여 명의 학생들 앞에서 1시간 이상 '따뜻한 성과주의'에 대해 열변을 토했다.

"따뜻함과 성과주의가 어떻게 양립할 수 있느냐는 질문을 종종 받습니다. 따뜻한 성과주의의 반대말은 차가운 성과주의가 아니라 무관심 성과주의입니다. 서로에 대한 배려 없이 성과만 강조하다 보면 단기 업적주의에 빠져 개인 역량은 물론 조직 경쟁력 저하로 이어집니다. 따라서 조직 구성원 모두가 같은 성과를 낼 것이라 기대하긴 불가능합니다. 각 구성원이 자기 발전을 위해 노력할 때 적극적으로 지원하는 것이 조직의 역할입니다. 우리가 생각하는 글로벌 시대의 인재상은 현재 1등보다 끊임없이 자기 계발을 통해 앞으로 더 나아질 수 있는 눈높이를 가진 사람입니다. 꿈은 단순하게 이루어지는 게 아닙니다. 꿈도 성장해야 합니다."

박용만 회장이 추구하는 글로벌 시대의 인재상이 명확히 드러나는 대목이 아닐 수 없다.

그가 직접 쓴 '사람이 미래다'라는 광고 카피는 인재 중심의 경영 철학을 잘 녹여내 내일을 준비하자는 두산그룹의 미래 비전을 제시한 것이다. '사람이 미래다' 캠페인을 벌인 두산그룹은 2012년에 '제20회 소비자가 뽑은 좋은 광고상'을 받았다. 전년도에 받은 '좋은 광고상'에 이어 '문화체육관광부장관상'을 수상함으로써 2년 연속 소비자들이 사랑받는 기업으로 선정되는 영광을 안았다.

'사람이 미래다'라는 카피를 쓰면서 박용만은 '사람'과 '미래'

라는 두 단어의 의미를 통해 '두산기업의 비전'을 담아내고자 한 것이다. 다시 말하면 두산그룹의 미래는 사람, 즉 인재 중심의 경영을 통해 새로운 100년을 써나가는 데 있다는 강한 의지가 담겨 있다고 할 수 있다.

박용만은 두산그룹의 꿈을 성장시키기 위해 오래전부터 'M&A의 살아 있는 교과서'를 써왔다고 자부하고 있으며, 2015년에는 그룹 전체 매출의 90퍼센트를 해외 사업장에서 거두겠다는 목표를 세워놓고 있다. 또한 그는 2020년 〈포춘〉지 200대 글로벌 기업 진입, 2030년 100대 기업 진입이라는 장기적인 목표를 세워놓고 끊임없이 기업의 꿈을 성장시켜 나가고 있다.

두산의 장수비법 ㉚

'사람이 미래'라는 인재 중심 철학으로 혁신을 거듭하다

두산그룹은 21세기로 들어서면서 M&A로 성장 엔진을 새롭게 바꿔 기업의 꿈을 키워나가고 있다. 두산그룹의 M&A를 주도적으로 이끌어온 박용만 회장은, 이것을 혁신 프로그램으로 인식하고 있다. 적자생존의 글로벌 시대에, 특히 스피드를 무기로 한 21세기에 M&A는 선진 기술력 확보를 통해 다른 기업보다 한발 더 앞서 가면서 미래에 대한 비전을 제시할 수 있다는 점에서 긍정적이라고 할 수 있다.

박용만이 즐겨 쓰는 '우보천리 붕정만리牛步千里 鵬程萬里'라는 명구 속에는 두산그룹의 장수 비결이 고스란히 숨겨져 있다. 즉 두산그룹은 '소걸음으로 천 리를 가듯牛步千里' 서두르지 않고 천천히 가되 쉬지 않고 발전을 거듭해 한국 최고의 기업이 되었다. 또한 '한 번 날갯짓에 만 리를 나는 붕새처럼鵬程萬里' M&A와 같은 기업 혁신을 통해 크게 성장하는 강한 기업으로 거듭나겠다는 전략을 구사했다.

이렇게 두산그룹은 '혁신'을 통해 기업을 생동감 있게 만들고, 지속적으로 성장해 목표를 달성하고, 또 새롭게 꿈을 키워나간다. 그것이 바로 117년 역사를 자랑하는 두산그룹의 지속 성장 비결인 것이다.

31

한국 경제의 수레바퀴를 굴리는
창조 리더로 거듭나다

장자의 이야기에 보면 '수레바퀴 장인^{匠人} 윤편^{輪扁}'에 대한 일화가 나온다. 그는 중국 춘추시대 때의 패자였던 제^齊나라 환공^{桓公}에게 수레바퀴를 깎는 법을 통하여 '옛사람의 지식을 습득하는 것보다 실제 몸으로 부딪쳐 경험으로 아는 것이 더 중요하다'는 사실을 깨우쳐 주었다.

윤편은 수레바퀴 구멍을 깎을 때 너무 깎으면 헐거워서 못 쓰고, 덜 깎으면 뻑뻑해서 바퀴가 잘 돌아가지 않아 쓸모없게 된다고 말했다. 맞춤하게 수레바퀴 구멍을 깎아야 하는데, 이는 숱한 경험을 쌓아 감각적으로 습득한 노하우가 있어야 가능하다는 것이다. 수레바퀴 고수^{高手}다운 이야기다.

2013년 8월 21일 두산그룹 회장 박용만이 대한상공회의소 회장직에 올랐다. 한국의 경제 5단체 중 가장 오랜 역사를 자랑하는 대한상공회의소는 이에 앞서 8월 12일 그를 서울상공회의소 회장으로 선출하는 절차를 밟았다. 그리고 서울상공회의소 회장이 대한상공회의소 회장직을 겸임하는 관례에 따라 자동으로 대한상공회의소 회장으로 추대된 것이다.

처음에 누가 수레바퀴를 발명했는지 모르지만, 이를 계기로 세상은 참으로 많이 변화했다. 걸어가던 속도가 달리는 속도로 변했고, 등짐으로 나르던 물건을 수레로 실어 나르게 된 것이다. 그 변화는 첨단의 이기를 사용하는 오늘날에도 계속 이어져, 자동차나 비행기에도 바퀴가 없으면 무용지물이 될 만큼 중요한 발명품으로 활용 가치를 발휘하고 있다.

한국 경제도 누군가 수레바퀴를 만들고 굴리는 사람이 없다면 요즘처럼 스피드니 글로벌이니 하는 시대에 전 세계 경제 대국들과 어깨를 나란히 하기 힘들 것이다. 한국 경제를 이끌어가는 두 수레바퀴는 대한상공회의소와 전국경제인연합회다. 그리고 그 두 수레바퀴에 맞춤한 구멍을 뚫고 기름칠을 하여 삐거덕거리지 않고 잘 굴러가게 하는 사람들이 바로 두 단체의 리더인 회장들을 포함한 경제인들이다.

대한상공회의소는 전국에 71개 지역상공회의소와 14만여 곳의 회원사를 두고 있으며, 130여 년의 역사에 빛나는 유일한 법적 단체다. 따라서 사단법인 형태의 이익 단체인 전국경제인연합회와는 분명 차별성이 있다. 이런 이유로 대한상공회의소는 기업인들의 애로 사항과 고민을 정부에 전달하는 역할을 도맡아왔다.

그런 대한상공회의소에서 두산그룹 회장 박용만을 21대 회장으로 추대한 것은 제나라 환공이 수레바퀴의 장인 윤편을 알아본 것과 크게 다르지 않다. 그가 한국 재계에서 두각을 나타낸 것은 불과 10년 안팎이지만, 그동안 'M&A의 귀재'로 통할 만큼 능력을 인정받았기 때문에 새로운 활력소를 불어넣기 위해 수레바퀴 하나를 맡긴 것이다.

두산그룹은 여러 가지로 대한상공회의소와 깊은 인연이 있다. 두산그룹의 모태인 '박승직상점'을 개업한 박승직은 1905년 민족계 은행과 상사 등을 지배하려는 일본 상인들에 맞서 경성 대표 상인들을 중심으로 하여 '경성상업회의소'를 결성할 때 발기인으로 참여하였다. 이 경성상업회의소는 바로 지금의 서울상공회의소의 전신이다. 해방 직후인 1946년에는 서울상공회의소가 주축이 되어 지방 상공회의소들을 연합해 '조선상공회의소'를 설립했으며, 그 이후 이 단체가 오늘날의 대한상공회의소로 발전했다.

이처럼 조부인 박승직이 대한상공회의소 발전의 터를 닦아놓았다면, 이후 그의 아들인 박두병, 손자인 박용성과 박용만까지 3대를 이어가면서 대한상공회의소와 깊은 인연을 맺고 있는 셈이다. 더구나 두산그룹 전 회장이었던 전문경영인 정수창까지 대한상공회의소 회장을 지낸 바 있어, 두산그룹은 대한상공회의소를 이끌어가는 한국의 중심 기업이라고 할 만하다.

박두병은 1967~1973년까지 6년간, 정수창은 1980~1988년까지 8년간, 박용성은 2000년부터 2005년 11월까지 5년 반 동안 대한상공회의소 회장직을 맡아왔다. 이처럼 총수들이 대한상공회의소 회장직을 총 20년 가까이 유지함으로써, 두산그룹은 한국 경제를 이끌어가는 리더 그룹으로 부상하였다. 이번 신임 회장 박용만이 또다시 대한상공회의소 사령탑을 맡음으로써 리더 그룹으로서 전통을 계승함은 물론, 한국 경제에 새로운 활력을 불어넣을 수 있게 되었다. 특히 세계적인 경제 위기 시대에 한국 경제는 소통과 혁신의 아이콘으로 불리는 그의 새로운 리더십에 기대를 걸고 있다.

'새 술은 새 부대에 담는다' 는 말이 있다. 21세기 글로벌 경제를 이끌어가기 위해서는 시대에 맞는 신선한 감각, 기관차 같은 동력과 스피드, 기발하고 높은 부가가치를 창출할 수 있는 창의력이 필요하다.

그런 의미에서 미래의 한국 경제를 이끌어갈 리더는 다양한 능력을 갖추어야 한다. 21세기는 여러 가지 기능을 하나로 통합하여 더 큰 효과를 창출해 내는 컨버전스$_{convergence}$ 시대다. '창조경제' 는 바로 그러한 컨버전스 능력을 극대화하는 창의력의 발현에서 나온다.

대한상공회의소는 컨버전스 시대가 요구하는 리더로서 박용만을 선택한 것이다. 3개의 전자빔을 쓰는 3색 수상관에서 3개의 전자빔은 1화소를 구성하는 한 점에 집중되어야 하는데, 이를 의미하는 것이 바로 컨버전스다. 이제 경제만으로는 부가가치를 극대화하기 어려운 시대가 되었다. '창의적 문화' 라는 전자빔도 필요하고, '전략적 정치' 라는 전자빔도 함께 비춰야만 '창조경제' 라는 1화소를 구성하는 융합의 시너지 효과를 얻어낼 수 있을 것이다.